本书获国家社会科学基金项目资助

项目名称:《庄子》文学的跨文化研究

批准号:11BZW031

结项证书号:20182184

| 光明社科文库 |

《庄子》文学的跨文化研究

戴俊霞　阮玉慧 ◎著

光明日报出版社

图书在版编目（CIP）数据

《庄子》文学的跨文化研究 / 戴俊霞，阮玉慧著
. -- 北京：光明日报出版社，2020.6（2022.4 重印）
ISBN 978 - 7 - 5194 - 5832 - 4

Ⅰ.①庄… Ⅱ.①戴…②阮… Ⅲ.①道家②《庄子》
—文学研究 Ⅳ.①B223.55

中国版本图书馆 CIP 数据核字（2020）第 107543 号

《庄子》文学的跨文化研究

《ZHUANGZI》WENXUE DE KUAWENHUA YANJIU

著　　者：戴俊霞　阮玉慧

责任编辑：史　宁　　　　　　责任校对：姚　红
封面设计：中联学林　　　　　　责任印制：曹　净

出版发行：光明日报出版社
地　　址：北京市西城区永安路 106 号，100050
电　　话：010-63139890（咨询），010-63131930（邮购）
传　　真：010 - 63131930
网　　址：http：// book. gmw. cn
E - mail：gmrbcbs@ gmw. cn
法律顾问：北京市兰台律师事务所龚柳方律师

印　　刷：三河市华东印刷有限公司
装　　订：三河市华东印刷有限公司
本书如有破损、缺页、装订错误，请与本社联系调换，电话：010-63131930

开　　本：170mm×240mm
字　　数：196 千字　　　　　　印　　张：16.5
版　　次：2020 年 6 月第 1 版　　印　　次：2022 年 4 月第 2 次印刷
书　　号：ISBN 978 - 7 - 5194 - 5832 - 4
定　　价：95.00 元

摘　要

　　《庄子》是哲学和文学的高妙结合，《庄子》以其深邃的思想哲理与超绝的艺术魅力对中国文化建构产生了深远影响。随着中国文化的世界传播，《庄子》也在海外流传开来，但西方学者关注的重点是庄子的哲学思想，《庄子》作为文学文本在异质文化中获得了怎样的阐释和表达值得关注。

　　本课题从当代西方庄学研究中，提取文学相关部分，梳理《庄子》作为文学文本在异质文化中的传播与接受，以深化对海外庄学研究的认识，拓展《庄子》文学研究的视域及内涵。基于跨文化研究参照系设置的需要，首先梳理国内《庄子》文学研究的关注重点及主要成果，析出具有典型意义的《庄子》文学品格。在此基础上，以翻译学的视角，把《庄子》西译作为一种"文化事实"予以观照，对《庄子》文学特征在跨文化翻译中的体现、变形或失落等进行考察，揭示在跨文化传播过程中，中国古典文学在西方文化里的表达形态，为更好地推介《庄子》及类似的文学文本探索有效路径。同时，以比较文学的视角，通过文本分析，发掘整理以英语国家为代表的西方《庄子》文学研究成果，分析其关注重点的特色取向，揭示其与中国本土研究间的差异性和互补性；运用影响研究和跨学科研究的相关方法，揭示《庄子》与西方文学创作、西方后现代文化发展的关联。

目 录
CONTENTS

第一章

绪　论

　　庄子（约公元前 369—前 286）名周，是战国中期著名的思想家、哲学家、文学家，老子之后的道家代表人物。由庄子及其后学著作汇编而成的《庄子》（亦称《南华经》），是道家的重要典籍。根据司马迁《史记·老子韩非列传》记载，《庄子》书有 10 万余言，但其中一些已经失传。现今能看到的最早《庄子》注本为晋人郭象所作，共 33 章，6.5 万余字。分为内篇、外篇和杂篇三个部分，其中，内篇 7 篇，外篇 15 篇，杂篇 11 篇。33 篇文章分布如下：

表 1-1　《庄子》33 篇篇目

内篇	外篇	杂篇
逍遥游第一	骈拇第八	庚桑楚第二十三
齐物论第二	马蹄第九	徐无鬼第二十四
养生主第三	胠箧第十	则阳第二十五
人间世第四	在宥第十一	外物第二十六
德充符第五	天地第十二	寓言第二十七
大宗师第六	天道第十三	让王第二十八
应帝王第七	天运第十四	盗跖第二十九

内篇	外篇	杂篇
	刻意第十五	说剑第三十
	缮性第十六	渔父第三十一
	秋水第十七	列御寇第三十二
	至乐第十八	天下第三十三
	达生第十九	
	山木第二十	
	田子方第二十一	
	知北游第二十二	

　　无论是国内的研究，还是国外的研究，学者们较为普遍的看法是，"内篇"作者是庄子，"外篇"和"杂篇"则是出自庄子弟子后学之手。虽然《庄子》成书历史复杂，但庄子是先秦各派道家的集大成者这一点是毋庸置疑的。因此，后人在论述庄子时，一般都以《庄子》全书为依据，在整体上将该书看作是庄子的思想体现。① 本书论述《庄子》文学的跨文化研究亦是如此。

---

① 傅斯年先生在其《评春秋时代的孔子和汉代的孔子》中说："我们研究秦前问题，只能以书为单位，不能以人为单位。而以书为单位，一经分析之后，亦失其为单位。故我们只能以《论语》为题，以《论语》之孔子为题，不能但以孔子为题……于墨子、庄子等俱如此，俱以书为单位。"（见顾颉刚编. 古史辩：二 [M]. 上海：上海古籍出版社，1982：141.）

第一节 研究缘起

在中华民族文化发展史上，庄子是一位兼哲学家和文学家于一身的奇人，其著作《庄子》是一部荣膺哲学与文学双重桂冠的奇书。就哲学而言，庄子和孔子、孟子、老子一起并称"中国四大圣哲"①，而且，按郭象在《〈庄子注〉序》中的定位，庄子学说"不经而为百家之冠"②，日本学者铃木大拙誉庄子为"中国最伟大的哲学家"③。就文学而论，庄子是最伟大的文学家之一，张溥论庄文时说："若其文章，变化离奇，神鬼杳眇，山川、风雨、草木、其观已止。先辈云《六经》而外，惟《左》《史》《庄》《骚》为天地四大奇书，非虚谀也。"④ 鲁迅先生说《庄子》一书"其文则汪洋辟阖，仪态万方，晚周诸子之作莫能先也"⑤。美籍学者刘若愚先生也评论道："可以毫不夸张地说，《庄子》一书于中国艺术影响之深是任何一书所无法比拟的。虽然该书并没直接言及艺术或文学，主要讲的是处世哲学，但古往今来，它以其忘己、观察自然，从而与道融为一体的思想激励了多少诗人、艺术家以

---

① 转引自刘生良.《庄子》文学研究［D］. 西安：陕西师范大学，2003：1.
② 谢祥皓，李思乐辑校. 庄子序跋论评辑要［M］. 武汉：湖北教育出版社，2001：3.
③ 转引自陆钦. 庄子通义［M］. 长春：吉林人民出版社，1994：1.
④ 谢祥皓，李思乐辑校. 庄子序跋论评辑要［M］. 武汉：湖北教育出版社，2001：172.
⑤ 鲁迅. 汉文学史纲要（《鲁迅全集》第9卷）［M］. 北京：人民文学出版社，1973：364.

及文学批评家。"①

《庄子》以其深邃的思想哲理与超绝的艺术魅力对中国文化建构产生了深远影响，随着中国文化的世界传播，作为道家经典文本的《庄子》也在海外流传开来。根据严灵峰《周秦汉魏诸子知见书目》记载，日本、朝鲜、韩国、越南等亚洲国家均有《庄子》藏书及研究记载。②在东亚文化圈之外，欧洲对《庄子》的关注，其大背景是16、17世纪欧洲传教士来华，古代经典成为他们认识中国的重要途径。随着传教士及后来的汉学家对中国典籍的关注，《庄子》也在19世纪开始走进俄国、德国、英国、法国等欧洲国家。随着以英语为交际语言的文化版图的扩大，20世纪60年代以后《庄子》的英语译作和论著日益增多，在数量上大大超过其他语种，英语世界《庄子》研究成为《庄子》跨文化传播的主阵地。③

当代西方《庄子》研究的主体依然是欧洲汉学传统——将《庄子》作为哲学文本，关注其所荷载的哲学及思想价值，一批有影响的汉学家如葛瑞汉（Angus C. Graham）、郝大伟（David Hall）和安乐哲（Roger Ames）等，都在庄子哲学研究领域产生了重要的成果。随着西方对中国道家文化和《庄子》认识的深入，《庄子》研究视角出现多元化，一批翻译者对《庄子》文学性给予了更多的关注，第一个在真正意义上对《庄子》进行文学特色分析的译者是美国学者华兹生（Burton Wat-

---

① 刘若愚. 中国的文学理论［M］. 赵帆声，译. 郑州：中州古籍出版社，1986：34.
② 严灵峰. 周秦汉魏诸子知见书目·（二、六）［M］. 北京：中华书局，1993.
③ 关于英语世界的界定，本书采用黄鸣奋的说法，即"英语世界"主要有三个层面上的意义：（1）在发生学意义上以英语母语的文化圈——英国；（2）以英语为通行语的文化圈——英国殖民地或前殖民地；（3）以英语为外国语的文化圈——英语国家的对外影响所覆盖到的全球。（参见黄鸣奋《中国古典文学之传播》［M］. 北京：学林出版社，1997：24.）

son），他将庄子文学策略进行归类，其《庄子》（1968）全译既注重庄子哲学思想的传递，又注重对原作文学美感的再现，出版后成为公认的《庄子》最佳译本。1994年梅维恒（Victor H. Mair）的《庄子》全译本出版，译者认为《庄子》更多的是一座文学宝库，而非一部哲学论文，庄子文学风格对中国文化的影响可能超过任何一个中国作家。此外，英语世界里有关中国文学研究的著作对《庄子》文学的评述也日趋丰富，如柳无忌（Liu Wu-chi）的《中国文学导论》（An Introduction of Chinese Literature，1966）、宇文所安（Stephen Owen）的《中国文学选集》（An Anthology of Chinese Literature：Beginning to 1911，1965）等对《庄子》文学的认识，较之翟理斯（Herbert Allen Giles）的《中国文学史》（A History of Chinese Literature，1889、1980），都更为深入全面。英美汉学家及其他学者的努力在一定程度上推动了《庄子》作为文学文本在西方文化里的接受。然而，由于《庄子》文学的丰富性和复杂性，著译者们的论述会勾连成一幅怎样的宏观图景、文学《庄子》在跨文化书写中呈现出怎样的形态、它构建了怎样的庄子及道家形象，这些并不是西方学者们关心的重点。

　　近年来，国内《庄子》跨文化研究主要呈三种取向。一是文化人类学取向，叶舒宪的《庄子的文化解析——前古典与后现代的视界融合》把《庄子》置于跨文化和跨学科的文化人类学视野中，解析《庄子》与其历史语境中的复杂文化信息的共时性关联，发掘《庄子》的现代性意义。① 二是海外庄学取向，主要是追踪述评海外庄学发展，聚焦点是庄子学说在异文化中的解读以及对国内庄学建设的意义，如包兆

---

① 叶舒宪.庄子的文化解析——前古典与后现代的视界融合［M］.西安：陕西人民出版社，1997.

会《英语世界〈庄子〉研究回顾与反思》①、安蕴贞《英语世界的庄学研究》②、王泉《英语世界的庄子主体形象构建研究》③，等等。三是翻译学取向，汪榕培对《庄子》源语文本和十多个英译文本进行对比分析，并于 1999 年出版了《庄子》全译④；徐来的《英译〈庄子〉研究》运用描写翻译学的方法，对历史上《庄子》不同英译本予以梳理，描述《庄子》及庄学在英语世界的传播流变轨迹。⑤ 在这些研究中，徐来的《英译〈庄子〉研究》明确涉及了《庄子》文学这一主题，并通过例证分析，阐释源语文本中文学特征在英语文本中的表现。由于该研究关注的是《庄子》英译的整体状况，尚未对跨文化之《庄子》文学给予更细致的剖析。《庄子》文学跨文化研究的沉寂，与国内日显活跃的《庄子》文学研究形成反差，而中西方的研究如何会通更是有待探索。

在此背景下，《庄子》作为文学文本在异质文化中获得了怎样的阐释和表达就更值得关注。《庄子》对中华民族的影响，既有哲学思想上的引领，也有艺术心灵上的浸润。而且，"随着时代的变化，庄子哲学的意义可能会缩减，而庄子文学的意义则永远不会消退；人们有时可能不喜欢他的哲学，但永远也不会不喜欢他的文学，也就是说，使庄子具

① 包兆会. 英语世界《庄子》研究回顾与反思 [J]. 文艺理论研究，2004 (1)：76 - 86.
② 安蕴贞. 英语世界的庄学研究 [M]. 北京：北京师范大学出版社，2008.
③ 王泉. 英语世界的庄子主体形象构建研究 [M]. 北京：中国社会科学出版社，2017.
④ 汪榕培（译）. 庄子 [M]. 长沙：湖南人民出版社，1999.
⑤ 徐来. 英译《庄子》研究 [M]. 上海：复旦大学出版社，2008.

有永恒价值的，最终可能是他的文学"①。因此，以文学的视角读《庄子》，以文学的眼光审视不同文化里的《庄子》，是《庄子》研究的应有之义；而在全球化背景下，以《庄子》为桥梁，探寻不同民族心灵深处的汇通点，更值得一试。

本课题的研究主旨是把《庄子》作为文学文本，以翻译学的视角，对《庄子》文学特征在跨文化翻译中的体现、变形或失落等进行考察，揭示在跨文化传播过程中，中国文学经典在西方文化里的表达形态，为更好地推介《庄子》及类似的文学文本探索有效路径。同时，以比较文学的视角，发掘整理以英语国家为代表的西方《庄子》文学研究成果，分析其与中国本土研究间的差异性和互补性；揭示《庄子》与西方文学创作、西方后现代文化发展的关联，通过跨文化研究，拓展《庄子》文学研究的视域及内涵。

第二节　研究构架

在全球化语境下，随着不同文化日益深入广泛的交流碰撞，作为一部中国文化元典，《庄子》的跨文化传播能较为典型地反映东西方文化在交流碰撞中呈现的特征与样态，是一个值得关注的话题。

本书所说的"跨文化研究"涉及两个层面，其一是西方学者对《庄子》文学由西方而东方的跨文化研究，其二是我们由东方而西方对西方跨文化研究的再研究。如前所述，由于英语世界的《庄子》研究

---

① 白本松. 逍遥之祖：《庄子》与中国文化［M］. 开封：河南大学出版社，1995：63.

主导着《庄子》跨文化传播的发展趋势，本书主要研究对象是英语世界里的《庄子》文学，同时兼顾西方其他语言文化对《庄子》文学的研究与接受。研究的主要内容由层级递进的四个部分组成。

（1）《庄子》文学的本土解读：中国本土的庄学研究成果蔚为大观，《庄子》文学研究亦在其中。就当代研究来说，学者们对《庄子》文学展开多维度解读：文学特征、文学类型、文学成因、文艺思想、文学风格、文体形态、文本结构、话语特色、辩对艺术，等等，相关研究既有对历史文脉的承继，更有对论题的创新，一次次的挖掘愈发凸显了《庄子》文学的博大精深。本书通过文本细读和文献爬梳，析出具有典型意义的《庄子》文学品格，为更好地理解西方学者相关研究提供参照基础。

（2）《庄子》文学的跨文化书写：海外《庄子》研究与《庄子》翻译是互为依存的。本书以《庄子》英译为分析对象，选取代表性译本，从宏观上考察《庄子》在英语世界的翻译样态，这些译本包括理雅各译本、冯友兰译本、林语堂译本、华兹生译本、葛瑞汉译本、梅维恒译本、汪榕培译本等。同时，建立中英文平行语料库，利用 WordSmith、AntConc 等检索软件，对《庄子》寓言故事、特色语汇、具有典型特征的修辞格等的英文表达进行例证分析，从微观层面上解析《庄子》文学在英语世界的具体呈现。通过宏观考察与微观比较，力求能较为系统地辨析在跨文化、跨语际书写中文学《庄子》的表现形态，探究其背后的语言文化互译性限度，寻找适切译文在翻译策略和翻译方法方面的共性特征。

（3）《庄子》文学的跨文化解读：和其他诸子散文一样，《庄子》首先是作为哲学文本进入西方文化的，但由于其突出的文学性，西方著译者对文学《庄子》还是给予了不同程度的关注，在当代，更有一批英美学者主要从文学角度阐释、翻译《庄子》或在文学创作中借鉴《庄子》。本书对这些资料进行挖掘，系统梳理西方，尤其是英语世界《庄子》文学研究的历史与现状，追踪《庄子》在西方文学中的影响，分析西方学者、作家的研究或文学创作中对《庄子》文学的认知与接受及其对中国本土研究所具有的启示意义。

（4）跨文化对话中的《庄子》文学：随着当代西方后现代文化的发展，学者们注意到了后现代精神与中国文化的关联，进而考察并发掘中国经典的后现代思想资源，而《庄子》则成为中西会通的理想文本。本书考察《庄子》思想与后现代文化，尤其是后现代文论的亲缘性，分析后现代思想家海德格尔、德里达与《庄子》思想的会通；同时以后现代文学理论，解读《庄子》文学的边缘立场和诗性智慧。

鉴于研究对象与目标，本课题的研究理据主要来自描写翻译学和比较文学相关理论。

描写翻译学的主旨思想在于通过描写翻译过程中和翻译作品中存在的一切现象，发现翻译过程中制约译者的翻译规范，用来解释翻译现象，预测翻译趋势。简而言之，对既有的翻译事实进行客观的描述，并在此基础上建立一个解释和预测翻译现象及过程的原则参数体系。1972年，翻译研究派的创始人霍姆斯（James Holmes）在《翻译研究的名与实》（*Name and Nature of Translation Studies*）一文中，强调翻译研究作为一门经验学科，研究对象是翻译活动（过程）和翻译作品，翻译研究的功能是不仅要探讨如何翻译，同时还要描述翻译现象和行为，解释，甚至预测未来的翻译。霍姆斯正式提出"描写翻译研究"（descrip-

tive translation studies）这一概念，并将其归为纯翻译研究的一个分支。①从 1980 年之后，描写翻译研究的阵营逐渐扩大，赫尔曼斯（Theo Hermas）、巴斯纳特和勒菲弗尔（Susan Bassnett & André Lefevre）、图里（Gideon Toury）等学者②，都把翻译行为当作目的语中存在的"文化事实"（cultural facts），一种文化实践活动，通过挖掘制约翻译行为的历史、文化、政治、意识形态等因素，给各种翻译行为以客观的定位。

描写翻译研究涵盖语言和文化的方方面面，对各种翻译现象有较强的解释力。本书以描写翻译学的基本主张为理据，首先对《庄子》西译翻译史实予以梳理与描写，其次，在描写的基础上，总结《庄子》翻译活动的主要特征，从文化传播和交流的角度，解释翻译活动背后制约译者翻译行为的各种因素，对不同形态的译本在中西文化交流中的功能进行客观的定位，揭示《庄子》文学走向世界的不同方式。

本书的相关论题讨论也将在比较文学视域下展开。产生于 19 世纪的比较文学，是指跨越国界和语言界限的文学比较研究，即用比较的方法来研究民族与民族、国家与国家之间文学与文学，或者文学与其他的艺术形式、意识形态的关系的边缘学科。世界比较文学研究的发展大致经历了三大阶段③，第一阶段是法国学派的影响研究，它注重的是一国文化、文学对另一国文学的影响，而对这一影响的剖析和还原又以实证

---

① James Holmes. The Name and Nature of Translation Studies ［A］. *The Translation Studies Reader* ［C］. Lawrence Venuti. ed. London/New York：Routledge，2004：180 – 192.

② 相关著作如：Theo Hermans. *The Manipulation of Literature*：*Studies in Literary Translation*. Beckenham：Croom Helm，1985；Susan BAssnett & André Lefevre，eds. *Translation*，*History*，*and Culture*. London/New York：Routledge，1990；Gideon Toury，*Descriptive Translation Studies-And Beyond*. Amsterdam/Philadelphia：John Benjamins，1995.

③ 李伟昉. 比较文学 ［M］. 北京：北京师范大学出版社，2017：4.

和路线考据为基础；第二阶段为美国学派的平行研究，它从有事实联系的跨国文学关系研究拓展到无事实联系的跨国家文学研究，注重在不同文明、文化体系下产生的文化、文学在某些领域表现出的相类或相同地方，同时美国学派还提出了文学与其他学科如艺术、社会而科学、自然科学等的跨学科比较研究；第三阶段是中国学派的跨文化研究，它超越了法国学派和美国学派同属于欧洲文化体系内部研究的界限，把文化的差异推上了前台，从跨越东西方异质文明的视野，研究异质文学间的关系。

比较文学研究这种跨国家、跨文明、跨学科的宏大视野为探讨异质文化中的《庄子》文学提供了丰富多元的切入口。西方国家，尤其是英语国家文学与《庄子》间发生过怎样的事实联系和精神交往、《庄子》文学与其他民族文学间有着怎样的呼应性、《庄子》文学的跨文明比较对深层次的文化探源会有哪些启示，这些均构成本书研究话题。

为完成设定的研究任务，本书在爬梳分析大量原始资料和借鉴海内外学者已有研究成果基础上，主要运用了以下几种研究方法：

（1）综合研究法：综合中国古典文学、翻译学、比较文学等学科相关理论与研究成果展开题旨论述。运用古典文献学的方法，深入挖掘原文本的意旨；运用描写翻译学的方法，探寻《庄子》文学跨文化传播的历史脉络；借鉴比较文学的影响研究、跨学科研究方法，分析《庄子》文学海外影响发生的机制及其转化的形态。

（2）对比分析法：在充分考察西方庄学研究的基础上，对具体翻译文本、文学文本进行对比、分析，探寻跨文化语境里《庄子》文学研究的特色及其与母体文化研究间的差异与互补，从而检验出异质文化交流对话的各种可能性，认识中西《庄子》文学研究之间的共通性和互补性。

（3）语料库研究方法：选取《庄子》部分章节及其英文翻译，自建小型中英文平行语料库，析取特色性词汇与表达，对其跨文化表现形态进行穷尽式分析，以更清晰地展示西方文化在接受《庄子》过程中产生的认同或变形，也为更好地译介《庄子》提供实证基础。

本研究的创新之处，可能主要体现在以下两点：一是研究视角的选取，以文学的视角切入海外庄学研究，探寻中西《庄子》文学研究的会通途径，揭示西方文化背景下《庄子》文学，呈现出不同于中国本土研究的认知和解读模式，这有助于建构中西《庄子》文学研究的会通途径，拓展了《庄子》文学的研究空间；二是研究方法的延展，将语料库语言学方法与比较文学、翻译学研究方法有机结合，对《庄子》不同译本进行分析，以更客观地展示《庄子》文学在西方传播流变的具体样态。由于《庄子》独特的文学性，中西文化语言的互译性限度在《庄子》外译中得以充分显现，而对这一互译性的实证性考察又反过来增进我们对《庄子》文学的认知。在中西互视中，《庄子》的文学世界更为宏阔绚丽。

书中《庄子》引文以郭庆藩的《庄子集释》为底本，在行文需要时，参照了陈鼓应《庄子今注今译》对《庄子》各篇内部章节划分。书中引用《庄子》文时只标注相应的篇名（如《逍遥游》）而省略书名《庄子》。书中涉及的西方人名和各种《庄子》译本，第一次提到时在汉译人名或书名后附上了外文人名或书名，后面再出现时均用汉语译名。

第二章

《庄子》文学的本土研究

　　庄子其人其书荣膺哲学和文学方双重桂冠，郭象赞《庄子》"不经而为百家之冠"，宣颖谓庄子是"千古一人"，鲁迅评庄子"晚周诸子莫之能先"，这些最高赞誉既指向了《庄子》的哲学思想，也指向了《庄子》的文学品格。正如郭沫若先生所说："庄子固然是中国有数的哲学家，但也是中国有数的文学家，他那思想的超脱精微，文辞的清拔恣肆，实在是古今无两。他的书中有无数的寓言和故事，那文学价值是超过他的哲学价值的。中国自秦以来的主要的文学家，差不多没有不受庄子的影响。"①虽然古代《庄子》研究多在注疏，但也不难发现人们对其文学色彩的评述，如司马迁在《史记·老子韩非列传》中评价《庄子》"其言洸洋自恣以适己，故自王公大人不能器之"，此可谓是对《庄子》文学风格的最早评述。时至 20 世纪，鲁迅、闻一多、郭沫若等学者把《庄子》文学研究推向高峰，他们以富于现代色彩的学术理路，揭示《庄子》独特的审美意蕴和散文艺术成就，奠定了现代《庄子》文学研究的基本格局。改革开放以来，伴随着庄学研究的复兴，

---

　　① 郭沫若. 郭沫若全集. 文学编（第 19 卷）［C］. 北京：人民文学出版社，1992：245.

当代学者们更是以多元化的学术路径，切入《庄子》文学研究，除了庄子文学思想这一恒久性话题外，研究旨趣涵盖了《庄子》文学语言、风格特点、文本结构等多个方面。本章对当代中国学者的《庄子》文学研究主要成果进行梳理，以建构《庄子》文学海外研究的背景参照。

第一节　《庄子》文学特征研究

《庄子》文学博大精深，对其特征的解析也是见仁见智，但有两点是最为突出、无可争议的：一是借助"三言"手法表达其哲学思想；二是用幽默讽刺的笔调来揭露现实生活中的虚伪和丑恶。正如有学者所总结的："从文学角度看，《庄子》文章有两大特征：运用'三言'来表现庄子弘大而辟、深阔而肆的思想，使文章寓真于诞、寓实于玄、汪洋辟阖、跌宕跳跃，此为第一大特征；既有对自然、社会、人生的眷恋，又有对黑暗社会的怨愤，饱蘸爱憎之情，此为第二大特征。"①

所谓"三言"，指的是《寓言》篇中提及的"寓言十九，重言十七，卮言日出，和以天倪"以及《天下》篇中所述"以卮言为曼衍，以重言为真，以寓言为广"。

寓言者，籍外论之，即假托他人之语，陈说自己之意。与《墨子》《孟子》中基于实录的对话式语录不同，《庄子》中的寓言开创了中国文学史上自觉运用虚构手段塑造形象的先河，作者通过对话、动作等的设计，肖像、表情等的刻画，对虚构的人物和故事情节进行细致入微的

---

① 边家珍，魏思玲.《庄子》文学特征及其成因探析 [J]. 河南大学学报，2000 (1)：93 - 99.

描写，如《逍遥游》中大鹏的怒飞、《外物》中巨鱼的奋鬐、《在宥》中鸿蒙的自得、《徐无鬼》中山狙的见巧等都栩栩如生；《齐物论》中厉风作而万窍怒呺、《天运》中黄帝奏咸池之乐而声满天地，都声情并茂；《养生主》中的庖丁解牛、《马蹄》中的伯乐治马、《达生》中的佝偻承蜩、《山木》中的庄子弹鹊、《田子方》中的众史画图、《让王》中的原宪居鲁，更是形神俱现；至于《逍遥游》中藐姑射山上的神人、《齐物论》中隐机而坐的南郭子綦、《应帝王》中能破季咸看相的壶子、《田子方》中临渊履危而射的伯昏无人等神乎其神的形象，也都可照其描写想象其情状。总而言之，庄子笔下的飞禽、走兽、山水、树木、真人、畸人、音乐、风云，甚至是罔两、髑髅，无一不栩栩如生、惟妙惟肖，极大地拓展了艺术境界。

学界对重言的阐释则意见不一。一种是传统的解释，认为重言指的是为世人所尊重者的话语。郭象认为重言是"世之所重"话语；成玄英注疏说"重言，长老乡闾尊重者也"。陆德明在《经典释文》说："重言，谓为人所重者之言也。"根据这种观点，《庄子》中大量引述的先哲时贤的重言，其实往往是假托，虽曰借重，实则驱遣世俗尊崇之人物为我所用，借他人之口道己所欲道。郭象、成玄英、陆德明等的观点对后人的研究影响很大。第二种观点认为，"重"是重复的意思，即反复说明的话。如郭庆藩在《庄子集释》里引其父郭嵩焘的话："重当为直容切，《广韵》：重，复也。"高享的《庄子今笺》也表达了类似的观点："重言者，古人所言我再言之者。"近年来，一些学者也多有阐发，如崔宜明在《生存与智慧——庄子哲学的现代阐释》第一章中也将"重言"解释为"重复地说"，是一种展示语言自身的某种悖反性的言说方式。曹础基在《庄子浅注》中注："重言，庄重之言，亦即庄语，是直接论述作者的基本观点的话。"①也有观点认为："重为借重之重，但并非借重其言，而只是借重其人的名目说作者自己的话。"②但正如上文所述，历来注庄的主流仍是第一种观点，即"重言"的"重"读音为"众"，意为尊重、借重、倚重，"重言"意即先哲时贤之话语或假借先哲时贤之话语。《庄子》借许多名人身份来虚构故事，使之成为代言人。③这些先哲圣贤有历代君臣、传说人物、道家人物、儒家人物以及虚拟的人道人物等。其中，老子总是以正面形象出现，而孔子则时而作为儒家的阐释者，时而成为道家的学习者，时而又成为被嘲笑的对象。如《盗跖》④中"盗跖怒斥仲尼"就是庄子想象虚构的一个故事。在《盗跖》中，庄子虚构了盗跖与孔子的对话，孔子本欲规劝盗跖，反被盗跖指斥为"巧伪"之人。盗跖列举大量古往今来的事例，以此证明儒家的主张是行不通的，儒家所谓圣君、贤士、忠臣的观念都是与事实不符的，就连孔子自己都因"不耕而食，不织而衣，摇唇鼓舌，擅生是非"而难以容身于天下。庄子以虚夸的手法，辛辣讽刺和抨击了儒家，揭露其观点虚伪和欺骗的本质，主张顺其自然、返璞归真。

在《寓言》篇中，相对于"寓言"和"重言"，庄子对"卮言"

---

① 曹础基.庄子浅注（修订本）[M].北京：中华书局，2000：417.
② 孙乃沅.庄子"三言"新探 [J].中华文史论丛，1983（25）：71－73.
③ 陈德福.《庄子》散文"三言"研究 [D].福州：福建师范大学，2008：IV.
④ 《盗跖》原文片段：
　　盗跖方休卒徒于大山之阳，脍人肝而餔之。孔子下车而前，见谒者曰："鲁人孔丘，闻将军高义，敬再拜谒者。"谒者入通。盗跖闻之，大怒，目如明星，发上指冠。曰："此夫鲁国之巧伪人孔丘非邪？为我告之：'尔作言造语，妄称文、武，冠枝木之冠，带死牛之胁，多辞谬说，不耕而食，不织而衣，摇唇鼓舌，擅生是非，以迷天下之主，使天下学士不反其本，妄作孝弟，而侥幸于封侯富贵者也。子之罪大极重，疾走归！不然，我将以子肝益昼餔之膳。'……孔子再拜趋走，出门上车，执辔三失，目芒然无见，色若死灰，据轼低头，不能出气。

着墨最多。即便如此，"卮言"引发的歧义也是最多的，对什么是"卮言"，学界始终难以达成较为一致的观点。对历代学者有关"卮言"的研究进行梳理，可以发现，大都数学者主要从"卮"字入手，求证"卮言"的含义。"卮"是古代一种贮酒器，随着注入的酒的多少而前后俯仰。郭象、成玄英认为"卮言"是无心之言，郭象说"夫卮满则倾，空则仰，非持故也，况之于言，因物随变，唯彼之从，故曰日出"；成玄英也认为"空满任物，倾仰随人。无心之言，是卮言也"。除"无心之言"说以为，其他与"卮"本意密切关联的"卮言"阐释还有：宴饮祝酒之辞，与"卮"所盛的酒联系在一起；"漏斗式"言辞，与"卮"的漏斗形状联系在一起；圆言，与"卮"的圆形联系起来。还有一些学者从音训视角来理阐释，认为"卮言"是支离之言，不一之言，矛盾之言，等等。无论有多少具体的解义，《庄子》以"卮言"的"曼衍"，达到"和以天倪""所以穷年"的目的。从这个意义上来说，"卮言"是庄子的立言之言。陈德福通过对"卮言"众多解释进行辨析后认为，如果从文体形态上看，"《庄子》散文中的'卮言'首先是文中的议论，这些议论不拘长短，随意穿插，想说就说，不待安排，是庄子思想的自然流露；其次是书中关于庄子自身的故事，这些故事通常含有对话因素，明显具有先秦散文语录体的痕迹，反映出庄子哲学、政治及社会等多方面的思想"①。在"三言"之中，"寓言""重言"是叙述描写手法，而"卮言"则是一种议论方法。其特点体现在文章中，即是语言随着意识而快速流动，自由流畅地勾画出各种跳跃变幻的意象群，由此呈现出的文字具有了汪洋恣肆、鲜活跌宕的特点。如

---

① 陈德福.《庄子》散文"三言"研究［D］. 福州：福建师范大学，2008：79.

在《逍遥游》中，弱小动物如蝉蜩、学鸠自然不能"逍遥游"，可其背"不知其几千里"，"其翼若垂天之云"的大鹏仍然难达"逍遥游"之境；同样，在人类社会中，那些能担任一方官职、有所作为的凡夫俗子不能"逍遥游"，可是"举世而誉之而不加劝，举世而非之而不加沮"的宋荣子和得神仙之道乘风而行的列子也不能"逍遥游"，这是因为他们都是"有所待"。经过如此多的铺垫渲染，庄子最终方揭出全篇主旨：要想达到真正意义上的"逍遥游"，必须"无己""无功""无名"。也就是说，只有神游宇宙忘记自身存在的"至人"、无用无为抛弃功名利禄的"神人"、隐姓埋名鄙夷是非荣辱的"圣人"，方能达到庄子推崇的"逍遥游"之境界。

饱蘸对社会人生的爱憎之情，是庄子文章的第二大特征。庄子生活的战国时期兵荒马乱、权谋狯诈，老百姓人命如丝，朝不保夕。正所谓生命无常，人生苦短。对于生命，人们表现出无限的眷恋和热爱，庄子也不例外。一方面，他对人类充满怜悯，对生命和自然充满爱护和眷恋，因此，庄子是最多情之人；言由心生，庄子的这种多情无不反映在他的《庄子》之中，如：《德充符》中的"与物为春，是接而生时于心者也。是之谓才全"（《德充符》）；《天地》中的"致命尽情，天地乐而万事销亡，万物复情，此之谓混冥"（《天地》）；《天道》中的"夫明白于天地之德者，此之谓大本大宗，与天和者也。所以均调天下，与人和者也。与人和者，谓之人乐；与天和者，谓之天乐"（《天道》）；所有这些都反映出庄子对生命本真情性的热切关怀。庄妻死庄子鼓盆而歌也并非表明庄子的无情，正如庄子所说："不然。是其始死也，我独何能无概然！"庄子是爱家人的，只是他认为"人且偃然寝于巨室，而我噭噭然随而哭之，自以为不通乎命，故止也"（《至乐》）。庄子对朋友是重情谊的，他与惠施虽然在社会地位、认知态度和学术观点等方面都有差距，但不可否认的是，惠施确实是庄子生平唯一可以言谈往还的契友。惠施去世后，庄子经过其墓，曾借匠石斫垩的寓言，感慨"自夫子之死也，吾无以为质矣，吾无与言之矣"（《徐无鬼》）。庄子也是热爱社会的，"子不闻夫越之流人乎？去国数日，见共所知而喜；去国旬月，见其所尝见于国中者喜；及期年也，见似人者而喜。不亦去人滋久，思人滋深乎？"（《徐无鬼》）当然，在《庄子》一书中，庄子抒发更多的是对统治者凶残、贪婪本性的愤恨和鞭挞。庄子淡泊名利、自甘贫穷，因此，他能深切体会到普通百姓身处黑暗世道的苦难和绝望，对他们寄予了深切的同情。如在《徐无鬼》中，借徐无鬼之口庄子揭露了统治者为战争寻找借口："爱民，害民之始也；为义偃兵，造兵之本也。"并进一步谴责统治者："夫杀人之士民，兼人之土地，以养吾私与吾神者，其战不知孰善？胜之恶乎在？"（《徐无鬼》）在《胠箧》篇中，庄子更是讽刺统治者曰："彼窃钩者诛，窃国者为诸侯；诸侯之门，而仁义存焉。"（《胠箧》）正如清代学者胡文英所言："庄子眼极冷，心肠极热。眼冷，故是非不管；心肠热，故感慨万端。虽知无用，而未能忘情，到底是热肠牵住；虽不能忘情，而终不下手，到底是冷眼看穿。"①

第二节　《庄子》文学成因研究

《庄子》被公认是中国文学的一座高峰，那么，撑起这座高峰的基

---

① （清）胡文英. 庄子独见［M］. 上海：华东师范大学出版社，2011：6.

层土壤是怎样的？庄子是以怎样的思脉在构建他的文学世界？对这些问题的探究是理解《庄子》文学的重要法门。

在讨论《庄子》文学成因时，荆楚文化是一个绕不过的话题。古时北方中原人将江汉流域的南方地区和南方部族称为荆楚，荆楚文化因楚国和楚人而得名，是指周代至春秋时期居住在长江中游（含长江、汉江、淮河流域）地区的楚人自创的一种地域文化。王国维在《屈子文学之精神》中说："然南方文学中，又非无诗歌的原质也。南人想象力之伟大丰富，胜于北人远甚。彼等巧于比类，而善于滑稽：故言大则有若北冥之鱼，语小则有若蜗角之国；语久则大椿冥灵，语短则蟪蛄朝菌；至于襄城之野，七圣皆迷；汾水之阳，四子独往：此种想象，决不能于北方文学中发见之。"①

荆楚文化对庄子文学的影响可从以下几方面得以展现②：荆楚文化的浪漫主义色彩影响着庄子的文学创作风格，楚国的社会现实影响着庄子的文学创作立场，荆楚之地的巫风传统影响着庄子的文学表现手法，荆楚文化的上古神话是庄子文学写作素材的重要来源。第一，庄子文学深受荆楚文化的浪漫主义色彩的影响。对于当时荆楚之地的社会发展状况，尤其是经济状况，司马迁在《史记·货殖列传》中是这样记载的："楚越之地，地广人稀，饭稻羹鱼，或火耕而水耨，果隋蠃蛤，不待贾而足，地势饶食，无饥馑之患。以故呰窳偷生，无积聚而多贫。是故江淮以南无冻饿之人，亦无千斤之家。"在古代中国，北方大都是政治经济中心，而江南地区地少人稀，长期缺乏劳动力，生产技术和劳动经验也落后于北方。生产力虽然低下，但资源丰富；老百姓虽不富裕，但只

---

① 王国维. 王国维论学集［M］. 北京：中国社会科学出版社, 1997：315 – 318.
② 吕佳. 荆楚文化对庄子文学的影响［J］. 名作欣赏, 2013（29）：8 – 9.

要劳作，衣食就有保障。没有压力的生活促进着文化的发展，这种不同于中原文化的荆楚文化注重人与自然的和谐，崇尚自然，耽于幻想。受到楚地神话创作精神的影响，庄子的作品也充满了奇妙的构思和想象，极富浪漫主义色彩，如《庄子》内篇中的《逍遥游》《人间世》《德充符》《大宗师》等篇大都是由若干个虚构的故事组成，而庄子也正是通过这些虚幻故事中人物的问答来表达自己的哲学思想和政治观点。第二，庄子的文学创作也受到楚国社会现实的影响。庄子的生活与楚国有关联是有史可证的，司马迁的《史记·老庄申韩列传》记载："庄子者，蒙人也……楚文王闻庄周贤，使使厚币迎之，许以为相。"南宋郑樵《通志》卷中的认为，庄子是楚庄王的后人，他以楚庄王的谥号为氏。马叙伦在《庄子年表》中也有记载，说庄子在楚威王时期，经常到楚国去。崔大华在《庄学研究》中，根据郑樵的观点，推测庄子可能是楚国贵族的后裔，他与楚国公族及具有浪漫主义特质的楚国文化，有很近的亲缘关系，是可以肯定的。从上述记载中人们可以推断，庄子主要生活地在楚国，或者说庄子生活的区域离楚地不远，因此，庄子对楚国的内政多多少少会有所了解，以庄子的敏锐，他也从楚国政治中看清了统治者挑起战争的本质不过是"杀人之士民兼人之土地，以养吾私与吾神"（《徐无鬼》）。当然，庄子对统治者凶残本性的讥讽和揭露还体现在文中的许多地方，如徐无鬼对武侯说的"君独为万乘之主，以苦一国之民，以养耳目鼻口，夫神者不自许也"（《徐无鬼》）"相与争地而战，伏尸数万"（《则阳》）等。第三，认为荆楚之地的巫风传统对庄子文学创作的影响也很大。战国时期，尽管生产力有大的发展，但各地之间依然存在交通闭塞的问题，南方地区与中原地区的沟通交流并不顺畅，在中原文化日益走向理性不同，荆楚文化相对原始落后，楚人多信鬼神，形成了楚地的巫风传统。作为生活在楚地或离楚地不远的庄子，其文学创作自然会受到楚地巫风巫俗的影响。如："孔子西游于卫，颜渊问师金曰：'以夫子之行为奚如?'师金曰：'惜乎而夫子其穷哉!'颜渊曰：'何也?'师金曰：'夫刍狗之未陈也，盛以箧衍，巾以文绣，尸祝斋戒以将之。及其已陈也，行者践其首脊，苏者取而爨之而已。将复取而盛以箧衍，巾以文绣，游居寝卧其下，彼不得梦，必且数眯焉。'"（《天运》）在此段落中，庄子借师金之口，表述了一种楚地民风。《至乐》《逍遥游》等其他篇目中也有类似的反映楚地巫风传统的描写。因此可以说，庄子深受楚巫文化泛神思想的影响，其作品奇幻色彩浓厚，思想内容和表现手法等方面都带有鲜明的南方巫风文化的特征。第四，荆楚文化的上古神话成为庄子文学重要的写作资源。《庄子》中的很多寓言故事都是有神话改编而成的，"庄子把神话传说完全理性化，并以自己的哲学思想为原则加以改造，有选择地为阐述人生观服务，因此，浪漫因素、气质体现在形式和内容、思想和风格的统一上，具有自觉的特点。思想的消极就决定了他风格上的消极性"①。正是由于庄子善于汲取上古神话的精髓，加之丰富的想象力，再通过神奇怪异的情节和惟妙惟肖的形象，才使得那些朦胧抽象的哲理变得可感可知，也因此形成了《庄子》汪洋恣肆、博大精深的文学特点。如《则阳》中对小人国的记载："有国于蜗之左角者，曰触氏；有国于蜗之右角者，曰蛮氏。……"这是受到《山海经·大荒东经》中有关小人国描述"有小人国，名靖人"的影响；又如，庄子对《淮南子·天文篇》中皇帝的形象和《山海经·西次三经》中帝江的形象加以重构，塑造

---

① 吕佳. 荆楚文化对庄子文学的影响［J］. 名作欣赏，2013（29）：8-9.

出了《应帝王》中的中央帝"浑沌"的形象。

除楚文化之外，宋文化也对《庄子》文学产生影响。"庄子学说可谓诞生于宋而成长于楚，其浓郁的浪漫主义与超现实主义的风格，是宋楚两国文化传统相互交融的结晶。"①由于宋楚相邻的地缘关系，庄子受到楚文化的影响是无疑的，因此庄子怪异的思想和奇幻的文思，确实与楚文化比较接近。但宋国的本土文化为殷商文化之嫡传，而据《庄子》所言，宋地又是道家文化的中心，且宋国又处在南北文化的交汇地带，从而形成了一种基于殷商文化，同时以道家文化为核心，并广泛接受多种文化影响的独具特色的商宋文化。如《养生主》中庖丁解牛时提到的"合于《桑林》之舞"即表明殷商文化对宋人的影响，殷商文化富有艺术风味和超现实的气韵，与具有浪漫气息的《庄子》有着实质性的关联。从表面上看，庄子的学说缥缈虚无、怪诞不经，但究其本质，"则是与楚文化相异的深邃、现实"。②因此，庄子理应是商宋文化的骄子。作为殷商的遗民，宋人一方面靠拢占统治地位的周文化，另一方面，又顽固且执着地继承着殷商文化的固有特色，即敬鬼神、崇上帝、重巫术、好占卜、爱神话、尚玄想。而宋国作为弱小之国，内部相互倾轧残杀，外部屡受争霸战争之苦，内忧外患、天灾人祸，老百姓陷入苦难的深渊。他们不满现实，却又找不到出路，唯有通过追求精神上的超脱来达到心理上的平衡，由此极易产生悲观绝望的情绪和虚无主义的思想。正是这种文化渊源和历史背景催生了庄子这样的文化巨人，他身处黑暗混乱的时期，宋国奇特的文化背景使其身上流淌着异端和反叛的血液，这种愤世嫉俗的性格使他逐渐走向虚无，而无尽的苦闷压抑又使他

---

① 冯明燕.《庄子》象征文学艺术特色研究［D］.青岛：青岛大学，2008：19.
② 崔大华.庄学研究［M］.北京：人民出版社.1992：8.

追求至乐无忧。从庄子个人的身世来说，庄子从"没落贵族"衰落至"漆园小吏"，把"天堂""人间"和"地狱"游了个遍，大彻大悟之后，终能"吐峥嵘之高论，开浩荡之奇言"，从而创造出一整套清旷超俗的人生哲学，发出震世惊俗的奇谈怪论。庄子，虽然才华出众，但却淡泊名利、潇洒脱俗、诙谐率真，这种奇特的个性使得《庄子》一书充满了奇光异彩的独特魅力。

"可以说，没有宋楚文化，便没有庄子学派如此杰出的浪漫主义文学成就，便没有《庄子》如此奇妙绝伦的文学特征。"①但《庄子》这一文学瑰宝呈现给后人的又不仅仅是宋楚文化的影响。《庄子》中众多文学意象的成因是多方面的，既有来自庄子的个人因素，又有深刻的社会及地域因素，还有远古神话的因素，多方因素的共同影响，造就了《庄子》精彩纷呈的意象世界。远古神话思维对《庄子》有着明显的影响。原始人既陶醉于美丽的山川河流，又敬畏闪电、洪水等神秘的自然力量，他们需要一种超自然的力量来克服内心的恐惧，于是神话产生了。这些神话意象通过原始人的口耳相传，深入他们的思维深处，并影响着他们的思维方式。"在神话思维的支配下，思维主体不仅会把自身的体验幻化成某种神话意象，而且会把这种神话意象当成现实存在的客观意象而寄托以主观感情，以此来表达心中的欢喜和恐惧的情感。"②在中国，有关神话记叙比较集中的有《淮南子》《山海经》《楚辞》等文化典籍，而《庄子》中的许多文学意象就是受到这些神话典籍的影响，如描写藐姑射神人"不食五谷，吸风饮露"就与《山海经》中对神仙

---

① 李严. 庄子文学探源 [J]. 中国道教, 2003 (6): 36-39.
② 应加亮.《庄子》散文中的文学意象分析 [D]. 哈尔滨: 哈尔滨师范大学, 2013: 28.

意象"不饮""不食""不寝"和"甘露是饮"的描写颇为相似，都是受到上古时期神话的直接影响。除此之外，神话思维也为《庄子》的创作提供了一种形象化的思维方式，如"庄周梦蝶"中的"蝴蝶"意象，庄周通过对梦中自己变化为蝴蝶和梦醒之后蝴蝶复化为己的事件的描述与探讨，提出人不可能确切区分真实与虚幻的观点，体现出原始先民尚不完全的物我观。庄子所处的时代背景是另一个影响《庄子》文学的重要因素。战国时期处于人类文明的"轴心时代"，也是中国思想史上最为辉煌的时期，各种思想相互交融碰撞，产生了诸多影响后世几千年的伟大思想家。庄子无疑吸收了其他思想家的思想精髓，尤其是对老子思想的继承和吸收，因此，书中出现了"水""浑沌"等类似于《道德经》中的意象。此外，孔子及其弟子的形象也多次出现在《庄子》一书中，只是庄子笔下的孔子俨然成了道家哲人的形象。当然，战国时期不仅是百家争鸣的时期，也是战争频发的年代。诸侯国之间和内部争权夺利，斗争异常激烈残酷，常常导致身死国灭的悲惨结局。庄子对统治者和现实社会极度失望，从而将目光从人间转向仙界，创造出"鲲""鹏""神人"等"神"的形象，不仅承载了庄子的哲学思想，也成了庄子批判现实社会的利器。同时，由于庄子不愿与统治者同流合污，导致其生活极度贫困，深切体会到下层社会老百姓的疾苦，从而塑造出"庖丁解牛"中的屠夫和"痀偻者承蜩"中的"痀偻者"等充满生活气息的意象。

第三节　《庄子》文学类型研究

　　童庆炳教授在其《文学理论教程》中，将文学作品的类型划分为三种：现实型、理想型和象征型，现实主义、浪漫主义、象征主义文学分别是这三种文学类型的典型形态。① 国内学者对《庄子》文学类型的研究也主要是从这三个视角展开的，其中，刘生良在《〈庄子〉文学研究》中的相关论述颇具代表性，既有对《庄子》蕴含的三种文学类型的论述，又有对这三者间关系的辨析。②

　　首先，《庄子》是一部浪漫主义文学作品。浪漫主义文学，或浪漫型文学的基本特征是表现性和虚幻性。所谓表现性，是指作品注重的不是对客观事物的再现，而是对作者内在主观世界的表达；所谓虚幻性，则是指所描写的内容和塑造的形象都是想象和虚构的，现实中并不存在。《庄子》的浪漫主义是研究者较为普遍认同的，如游国恩主编《中国文学史》认为，《庄子》想象奇幻，极富浪漫主义色彩；郭预衡、郭英德主编的《中国散文通史》也指出，庄子是中国文学史上最富想象力的作家之一。闻一多先生在《古典新义·庄子》中也对庄子的想象情有独钟，认为要论《庄子》文学，头绪实在很多，但最要紧的是他的谐趣和想象，而想象中，又有怪诞的、幽渺的、新奇的等各种方向。《庄子》把奇特瑰丽的想象与深刻玄妙的哲思融为一体，开创了我国浪漫主义文学的先河。

---

① 童庆炳. 文学理论教程 [M]. 北京：高等教育出版社，2004.
② 刘生良.《庄子》文学研究 [D]. 西安：陕西师范大学，2003.

那么,《庄子》的浪漫主义又源自何处呢? 庄子生逢乱世,其狷介特立的个性,使其自觉保持着与权贵的距离,冷眼旁观世风衰败,民不聊生。面对苦难的人生,庄子追求无待逍遥、绝对自由的理想人格,面对浑浊的世道,庄子渴慕"至德之世""建德之国"的理想社会。正是这种对现实的超越和对理想的追求构成了《庄子》浪漫主义的精神源头。庄子的人格理想主要表现在首篇《逍遥游》中,"乘天地之正,而御六气之辩,以游无穷""至人无己,神人无功,圣人无名",并通过《齐物论》《养生主》《人间世》《德充符》《大宗师》《山木》《田子方》等篇目贯穿全书。而庄子的社会理想则在外、杂篇中有较为完整的描述,如《马蹄》《胠箧》《天地》《山木》《让王》《盗跖》等篇。庄子这种追求绝对自由精神境界的人格理想和带有自然主义色彩的社会理想,显然都是浪漫的幻想,幻想着只有这样才能接近最美好、最自由的人生。虽然他的理想追求带有某种消极、倒退的成分,如有学者认为庄子的宇宙观、人生观和美学观等都是虚无主义的,而这种虚无主义又决定了他所采用的创作方法是消极浪漫主义①,但整部《庄子》所凸显的批判精神,使人们更多地看到庄子浪漫主义的积极性,对现实的否定与批判,恰是对理想社会与生命境界的强烈渴求,因而是其浪漫主义创作方法论的前提和出发点。故有评论说"他所表现出的一位古代哲人的巨大智慧和真诚,是不应该被轻视和被低毁的"②。

关于《庄子》浪漫文学的艺术特征,刘生良从以下四个方面进行了分析:宏伟玄妙的艺术境界;虚幻荒诞的文学形象;奇特大胆的夸张手法;深挚浓厚的抒情色彩。关于艺术境界,作者以《逍遥游》《秋

---

① 杨成福. 关于文学上的庄子之评价问题 [J]. 山西大学学报, 1982 (4): 42–46.

② 崔大华. 庄学研究 [M]. 北京: 人民出版社, 1992: 255.

水》《齐物论》《大宗师》等篇为例，表明《庄子》中所创造出的或宏伟壮阔、或超凡入化、或神奇高妙的浪漫境界。如《逍遥游》中的大鹏振翅南飞，"水击三千里，抟扶摇而上者九万里"，其情景是何等的雄伟壮阔；再如《秋水》中描写大河汹涌奔流的景色："秋水时至，百川灌河。泾流之大，两涘渚崖之间，不辩牛马"；再如《齐物论》中至人"乘云气，骑日月，而游乎四海之外"的奇妙幻景；等等，所有这些极富浪漫气息的描述都给人留下了极为深刻的印象。当然，这些浪漫主义场景的描写需要借助许许多多虚构的文学形象来体现。在《庄子》中，庄子刻画了约 300 个各类形象，其中大部分都是根据神话进行加工改造或凭空捏造的虚构人物，如"肌肤若冰雪，绰约若处子"的藐姑射神人，"颐隐于脐，肩高于顶，会撮指天，五管在上，两髀为胁"的支离疏等，所有这些形象都给读者呈现出一种诡异恢奇、异彩纷呈的人物画廊和浪漫场景。而人物形象的刻画和艺术境界的构建又都离不开艺术手法的运用，夸张、拟人、变形、虚构、幻想等表现手法的功用在《庄子》里得到了淋漓尽致的发挥。以夸张为例，"九万里""五百岁为春""八千岁为秋""翼若垂天之云""游乎四海之外"等，无不夸张至极。为了进一步说明问题，作者又列举了《外物》和《则阳》中的两段描述，前者写任公子钓鱼，后者以触蛮之战喻齐魏之争，夸张奇特大胆、精妙深刻，可谓前无古人、后无来者。众所周知，《庄子》是哲学巨著，但同时，《庄子》又是"绝妙的诗"[①]，庄子是"抒情的天

---

① 闻一多. 闻一多全集：第 2 卷 [M]. 北京：生活·读书·新知三联书店，1982：280.

才"①。庄子无论是叙事、论理，还是夸张、虚构，无不激情四溢、真情流露，如对苦难百姓的同情之情、对残暴统治的憎恶之情、对理想社会的向往之情、对奸诈小人的鄙视之情、对富贵名利的淡泊之情、对劳动道艺的颂扬之情等，无不具有浓厚的抒情色彩，再借助夸张、幻想、虚构的表现手法，从而形成庄文奔腾的气势和感人的魅力。综上所述可以看出，《庄子》无愧于浪漫文学之称。

其次，《庄子》是一部具有现实型文学特质的作品。现实型文学的旨趣在于按照生活的本来面目进行写作，再现性与逼真性是现实型文学的基本特征。再现性要求文学作品面对现实，反映现实，相应地，现实型文学在艺术表现手段上离不开对逼真性的诉求，它以写实的方法，依据生活的真实，对人、事、物进行细致逼真的描绘。由是观之，《庄子》一书中存在着数量相当可观的现实文学珍品。刘生良的研究认为，《庄子》中的现实文学作品主要以下三种方式呈现出来：第一种是对再现现实生活的较为完整的篇章，如内篇中的《人间世》、外篇中的《山木》《骈拇》《马蹄》《胠箧》、杂篇中的《让王》《列御寇》等；第二种是现实型寓言故事，这些故事散见于各篇章中，如"丑女效颦"（《天运》）、"鼓盆而歌"（《至乐》）、"惠子相梁"（《秋水》）、"庄周贷粟于监河侯"（《外物》）等；第三种是指一些兼具现实与浪漫特征的作品中含有一定的现实文学成分，如《养生主》中的"庖丁解牛"、《人间世》中的"栎社树""支离疏"等章节就是如此。

这些现实型文学作品具有相当丰富的思想内容，主要体现在以下几个方面：一是对统治者的昏庸残暴和社会现实的黑暗恐怖的揭露；二是

---

① 闻一多. 闻一多全集：第 2 卷［M］. 北京：生活·读书·新知三联书店，1982：286.

对统治阶级的意识形态与他们所尊奉的"圣人"的抨击；三是对狡诈贪婪之徒的鞭挞和对愚氓可笑之人事的讽刺；四是对现实生活中一些正面人物的颂扬。《在宥》篇描绘了这样一幅社会图景：刑场上被砍下头颅的尸体相互枕压着，囚牢里戴着镣铐的犯人相互推挤着，大街上满目都是受酷刑致残的刑徒。作者对混浊时世的满腔激愤跃然纸上。庄子以敏锐的眼光，透过纷纭复杂的社会现象，看到了诸侯国君残暴害民的豺狼本性，看到了千年文明史的真相，进而对所谓的贤名君主、倡导仁义的历代圣人发出猛烈抨击，他怒斥君主"独为万乘之主，以苦一国之民，一样耳目鼻口。"（《徐无鬼》）痛骂圣人"自以为圣人，不亦可耻乎？其无耻也！"（《天运》）又如，"秦王有病召医。破痈溃痤者得车一乘，舐痔者得车五乘，所治愈下，得车愈多。"乃《列御寇》中庄子对势利小人曹商的讥讽和鞭挞。打开《庄子》书，随处可以看到作者对丑恶现实发出的振聋发聩的批判。"《庄子》的现实文学作品，在内容上以批判现实为主要特征，是典型、深刻而彻底的批判现实文学；在艺术上亦焕然一新，开创了新的写实手法和讽刺手法，形成了独特风格。这在中国现实文学发展史上都有着划时代的伟大意义和贡献，并产生了巨大而深远的影响。"①

《庄子》兼具了浪漫型文学和现实型文学的特征，但从整体上看，它更应该统属于象征型文学。象征型文学侧重以暗示的方式寄寓审美意蕴，暗示性和朦胧性是它的两个基本特征。前者是象征文学寄寓意蕴的方式，意指词语寄寓某种超出其本义的内涵，而正是这种间接表达的暗示方式使得象征文学具备一定的朦胧性，词语的意义具有不确定性，从

---

① 刘生良.《庄子》文学研究［D］.西安：陕西师范大学，2003：58.

而给读者留下无尽的想象空间去思考、去探索其丰富的"象外之象""象外之意"和"言外之意"。

庄子寓言的最大特点就在于它具有的寄寓性和暗示性，即言在此而意在彼。而寓言又在《庄子》中占有很大比重。《庄子》的文体在整体上看，可以简称为"寓言体"，而这种"寓言体"就文学类型来说正属于象征型文学。作为哲学著作，《庄子》不是通过逻辑推理、直接阐述的方式来申说自己的哲学思想，而是借助众多的寓言故事，把他的"道"之"理"说得既深入浅出又精微透辟。如庄子对理想人格的描述，不是直截了当的，而是借助于大鹏、宋荣子、列子、圣人、神人、至人等人物形象来间接表达的；而他的社会理想又是通过"伯乐治马""儒以诗礼发冢"等寓言故事来暗示的。以此可以说，"在《庄子》中的每一个寓言后面都站着一个哲学结论，蕴涵着一种哲学思想"①。同时，由于寓言言此意彼的寄寓性，使得庄子寓言的蕴意隐晦含浑，歧义多解，这又契合了象征文学朦胧性的特点，如"朝三暮四""庖丁解牛"等故事，均出现了不同向度的解读。

《庄子》象征艺术最鲜明的体现是其塑造的象征形象群体。庄子所思考的中心内容是"道"，而庄子心中的"道"是什么呢？《大宗师》中是这样描述的："有情有信，无为无形；可传而不可受，可得而不可见；自本自根，未有天地，自古以固存。"因而具有"道不可闻，闻而非也；道不可见，见而非也；道不可言，言而非也"（《知北游》）的特性。这就是说，"道"是一种非言语所能表述的、只有靠心灵的领悟才能体会到的哲学思想。正因如此，庄子没有采用直接阐述的方式，而是

---

① 崔大华. 庄学研究［M］. 北京：人民出版社，1992：312.

更多地借助形象暗示的方式，从而形成一个纷繁奇特却又具有一定指向性的象征形象群体。而这些鲜活的象征形象都是庄子通过对现实生活中的事物或神话传说进行虚拟、加工、改造而创造出来的，并赋予这些形象以新的内涵与生命。

概括来说，庄子塑造了三类典型象征形象。第一类是超异奇美的"神人"形象。正因"道"之不可言说，庄子才转而采用塑造"真人""圣人""至人"和"神人"等形象作为"道"的具体化象征来暗示"道"及其特性，通过对这些"神人"的本质属性的描述表达了他对于精神上与物质上双重无待的追求。第二类形象是乘物随化的"人"。面对人生的无常和自身命运的飘忽，庄子以乘物随化的思想来超越苦难。庄子在书中塑造了两种人：一种是一系列的畸形人，如支离疏、王骀、申徒嘉、叔山无趾、哀骀它等，他们虽身形残缺，外表丑陋，却能突破形体的限制，讲究无为，顺其自然，从而达到"道"的无限境界，获得了精神上的超脱自由，达到了大道之境；第二种人是"子舆""子犂""子来""子祀"等言谈举止怪异的人，他们的言行超脱于世俗礼教之外，与常人不同，具备顺应自然，适然自处的生死观和人生态度。通过这类人物形象的塑造，庄子试图说明人的生命可以通过与其他生命的相互转化而实现永恒，生死如一。第三类形象是超越想象的"大木"形象。庄子在书中塑造了一系列不材大木形象，出现在《逍遥游》中的是不中绳墨、匠者不顾的大樗，出现在《人间世》中的是其大蔽数千牛，还能开口说话的栎社树，《人间世》还讲述了无用而有害的商丘之木，这些树木都大而无用，却又增加了外物不能害的有用内涵。庄子通过这些"大木"形象，表达了"无用之用"的个体生存价值观。除上述三类外，《庄子》里还有很多具有象征意义的各种形象，他们怪诞奇异，亦幻亦真，向世人讲述着庄子超绝独异的生命沉思。

概述之，"庄子的文学成就主要体现在浪漫主义的手法、现实主义的描写、千姿百态的寓言、汪洋恣肆的语言四个方面"①。"《庄子》既属于浪漫型文学，又属于现实型文学，更属于象征型文学。……三者之间又是相互联通、浑然为一的有机统一体。它就是这样一个以象征文学为主体将三大文学类型集于一身的复合体，高高地翱翔在中国文学的万里长空。"②

第四节 《庄子》文体形态研究

先秦时期诸子百家的著作多以思想成派，不像后世以文学类型划分，一部作品往往兼具众多体裁，《庄子》亦是如此，它包含有论说、问对、语、寓言、诗、赋等众多文体，且各文体之间多有相通之处，共同作用于《庄子》"汪洋恣肆"的文章风格。但也因为早期典籍文体区分意识的含混，对《庄子》文体形态的研究也是个相对较新的话题。

在对《庄子》文体研究中，《庄子》书对其自身文体的相关说明具有很强的导向作用。书中有四篇文章提及该书的话语方式，它们分别是：《齐物论》《外物》《寓言》《天下》，如《齐物论》中的"何谓和之以天倪？曰：是不是，然不然"；《外物》中的"饰小说以干县令，其于大达亦远矣。是以未尝闻任氏之风俗，其不可与经于世亦远矣"；《寓言》中的"寓言十九，重言十七，卮言日出，和以天倪"；《天下》

---

① 汪榕培译. 庄子 [M]. 长沙：湖南人民出版社，2009：27.
② 刘生良.《庄子》文学研究 [D]. 西安：陕西师范大学，2003：76.

中的"以谬悠之说、荒唐之言、无端崖之辞，时恣纵而不傥，不以觭见之也。以天下为沉浊，不可与庄语。以卮言为曼衍，以重言为真，以寓言为广"。这些都涉及了对《庄子》文体的说明，尤其后两篇对研究《庄子》文体的意义更为重要。由于切入角度不同，研究者们对《庄子》文体划分各不相同，分述如下。

刘生良从四个方面探讨了《庄子》的文体形态，它们是：散文、诗、赋和小说。首先，《庄子》无疑是哲理散文，但不同于其他诸子散文的是，《庄子》是一部古今罕见的奇异的散文，它的奇异特色体现在以下几个方面：

（1）新奇的题材。历史散文如《尚书》《春秋》《左传》等和说理散文如《论语》《墨子》《孟子》等均以社会、政治、伦理等问题作为题材，而《庄子》则是摆脱这些束缚，上承远古神话、天地鬼神、风光云气，下接山林河海、鸟兽虫鱼，以其独特的审美趣味和自由奔放的精神，借助天才的想象虚构，将笔触伸向了大千世界，并使之发出奇异的光彩。

（2）奇异的思想。庄子身处乱世，对浑浊现实和统治者的残暴强烈不满，对造成人性异化的全部文明史予以彻底否定。而且，他似乎故意与世俗唱反调，美曰之丑，而丑则曰之美。无论是记叙、描写、抒情还是议论，他都道他人所不敢道，放言无惮，惊世骇俗。

（3）奇幻的手法。其他诸子各家说理主要借助推理或比喻，而庄子则将逻辑思维和形象思维有机地结合起来，通过生动的故事和形象来寄寓深奥玄虚的道理。他是在散文领域采用浪漫主义手法的第一人，宋人黄震在《读诸子·庄子》中赞叹庄子的想象力是"创为不必有之人，设为不必有之物，造为天下所必无之事"。此外，庄子喜用拟人化的修辞手段，借助动植物乃至非生物之议论来为其代言。

（4）奇妙的结构。从表面看来，庄子的文章，松散随意，但细细品之，却发现其"形散而神不散"，起承转合，脉络分明，但却若隐若现，浑然无迹，正如胡文英在《庄子独见·自序》中所说："脉络本来井井，第以离合控纵，出没奇幻，故使读者迷于常径。"

（5）奇肆谲怪的语言。《庄子》的语言，以奇肆谲怪著称，首先表现在一些奇谈怪论上，如"圣人不死，大盗不止"等；其次，庄子善用奇特的比喻和大胆的夸张，宣颖在《南华经解·庄解小言》中这样评论《庄子》里的比喻："庄子之文，长于譬喻。其玄映空明，解脱变化，有水月镜花之妙。且喻后出喻，喻中设喻，不啻峡云层起，海市幻生，从来无人及得。"夸张又何尝不是如此，如《外物》中写任公子钓鱼之夸张又有何人能比呢？此外，庄子出语诙谐生动、精警隽永，嬉笑怒骂，皆成文章，如《知北游》等篇目。最后，《庄子》的语言辞采富丽，气势恢宏。大量修辞格的使用，如排比、反复、对偶、顶真、连锁以及诘问、转折等，使得庄文呈现出"汪洋辟阖，仪态万方"的气势。

（6）奇特的体制。庄子在《庄子》中创造了一种融"寓言""重言""卮言"为一体的"三言"新体制，虽是散文，却又包含诗、赋、小说等其他文体的雏形，因此，该文作者称之为以散文为主蕴含多种文体的"浑沌"形态的文学作品。

《庄子》既是散文，同时也是诗。闻一多先生在《闻一多全集》中更是称之为"绝妙的诗"。《庄子》作为诗歌，主要具有以下五个特征：

（1）浓郁的抒情性。作者以《徐无鬼》中的"子不闻夫越之流人乎?"这段文字表明庄子是多么的抒情和细心。庄子对世间万物更是充满了感情:"在他的笔底,流注着滔滔汩汩的感情潜流,有愤世嫉俗之情,有怡然达观之情,有诙谐幽默之情,有悠然神往之情,有幻游天地的浪漫之情,更有'直致任真''自恣适己'的自然和审美之情。"①

(2)葱茏的想象力。想象,是《庄子》具有诗歌特质的要素之一。庄子,正是凭借其葱茏的想象力为我们构建出一个神奇浪漫的诗的世界,如《逍遥游》中"肌肤若冰雪,绰约若处子,不食五谷,吸风饮露,乘云气,御飞龙,而游乎四海之外"。

(3)奇妙的象征艺术。诗多离不开象征,而《庄子》的"寓言"正是象征,并形成寓言体象征文学的独特风格。这象征,不仅有"感情的象征",还有"理性的象征",两种象征相结合,使得庄文产生了浓郁的诗意。

(4)闳深的意境创造。意境是作者思想感情和其外在形象、景象的结合,是一种充满主观感情色彩的想象的境界,是抒情诗的灵魂。《庄子》运用奇特的象征艺术营造出或壮阔、或悠渺的意境,如《逍遥游》,如《秋水》,如《齐物论》,等等。

(5)诗的语言和韵律。庄子颇具诗人的气质,故于行文中有意无意使用了诗的语言。无论是形式还是用韵,《庄子》均符合诗的特征,语言整饬,押韵和谐,使人"如坐春风,如饮醇醪"②。

《庄子》还是赋的滥觞、小说之始祖。庄子在荀况、宋玉为赋命名之前已经写就大量有实无名的赋作了,如《齐物论》中对风的描写、《逍遥游》中对藐姑射神人的描写等,可谓比比皆是。虽未形成赋的完整体制,但在它与诗、文的浑然一体中,已颇具赋的雏形,可以说,庄

---

① 刘生良.《庄子》文学研究 [D].西安:陕西师范大学,2003:88.
② 詹安泰,等.中国文学史(先秦两汉) [M].北京:高等教育出版社,1957:115.

子是我国赋体文学的开山鼻祖。

《庄子》的寓言概念符合小说的特征，可以看作是后世小说的同义语和代名词。其艺术成就主要体现在以下几个方面：

（1）鲜明生动、神奇怪诞的人物形象：如"神人""至人"等得道者的形象；如监河侯、曹商等反面形象；亦敌亦友的惠子形象和十分复杂的孔子形象；盗跖这一社会叛逆者形象等。

（2）奇特多样、精彩高妙的写人手法：多写人物对话和言论、神奇的肖像描写、精妙的心理刻画、生动的细节描写、出色的环境烘托等。

（3）离奇动人、曲折完整的小说情节：通过分析《养生主》《至乐》《应帝王》等多篇章节表明，庄子不愧为虚构故事的天才，情节曲折离奇、描述结构完整，注重矛盾冲突，体现审美追求。

（4）雄奇怪诞、诙谐风趣的小说语言：《庄子》寓言寓教训于谐趣的特点自然要通过谐趣的语言表现出来，而这也正是成就《庄子》寓言的重要原因。

孙雪霞的研究认为前庄子时期的文体已经十分丰富，如诗歌、论说文、史传、哲理小品文和对话语录体，《庄子》的贡献更多体现在其文体的化裁与创制。①

就文体化裁而言，《庄子》对诗歌、散文、记事文等几种文体样态都有吸收与发展：

（1）诗歌。诗歌是与庄子的秉性气质最为接近的文体样态，原因有三。第一，诗是最纯粹的言说，是人类表达感情的第一种方式，而这

---

① 孙雪霞. 文学庄子探微［D］. 广州：华南师范大学，2004.

恰恰吻合庄子的本真追求。第二，诗是激情的抒发。庄子本身是充满矛盾的，而由种种矛盾所引发的激情的碰撞造就了庄子这样一个昂扬的诗人，他用诗的语言表达着自己的思想。第三，诗是形象的描述。不同于严谨的论证和精密的说理，诗是自由的言说，而《庄子》中虽也有抽象的推理，但更多的却是与诗相契之形象表述。

（2）散文。如果说诗歌与《庄子》文体相通还有争议的话，那么，《庄子》是"诸子散文"之一则是普遍认可的。从外部形式来看，《庄子》突破了诗歌整齐划一的句式和节奏韵律，而由参差不齐的散句组成；从内部蕴意来看，《庄子》感情依然充沛，但理性精神也在增强。这都表明《庄子》与散文的确存在着更多的外显与内蕴的契合，而该文中的散文主要指论说文、对话体、哲理小品等诸种形态。首先是"论说文"，作者认为论和说，虽然性质相近但是有所区别，古人认为是两个种类。"论"是论断事理，比如论政、论史、论学等；而"说"最初通"悦"，其目的是使人心悦诚服，所以文采很重要。庄子对各国间使臣之"说"持宽容态度，而令之愤慨的是儒墨之辈的是非之"说"。因此，他摒弃的是儒墨的争辩之"说"，而汲取的是使臣的外交之"说"，从而形成富于其个人特色的"论"，《齐物论》就是代表之作。其次是"对话语录体"，诸子典籍中《论语》当属典型之作，而《庄子》已然没有了纯粹的对话体篇章，但在某些篇章中仍能看出对话体的痕迹，如《大宗师》"子桑户死，未葬"这段文字。不同于《论语》中的讲明一个道理便告结束的对话，《庄子》中的对话只是事件发展过程中的一个必要手段，而不仅仅是为了"说"而"说"。庄子深知，与其用抽象的语言来讲述道理，不如利用对话的形式，既生动形象，又易于读者心领神会。最后是"哲理小品"，《道德经》无疑是哲理小品的典型作品，而与之相比，《庄子》似乎缺少了"小品"短小精悍的文体特征，但仔细观之就会发现，《庄子》的篇章结构呈现"合而成体，散而成章"的特点，如《齐物论》中关于"地籁"的风的描述就不啻为一篇美文，此外，还有"狙公赋芧""罔两问景""庄周化蝶"等寓言，又何尝不是哲理小品呢？

（3）记事文。作者认为，如果说我们能从《庄子》一书中读出历史，读出史传笔法，那也是出于庄子的"不经意"，庄子"不经意"中记录了自己的生平事迹，当然还有好朋友惠施的概况。《庄子》虽非《左传》《战国策》这类由一桩桩历史事件连缀而成的历史散文，但也有不少生趣盎然的记事小品，如"庖丁解牛""螳螂捕蝉，黄雀在后"等故事，记事文的色彩已十分浓厚。

《庄子》的文体创制则在于"寓言"。"文体是一种比较稳定的文章结构样态，语言是其材料也是其事实，文体作为一种编码方式形成一种特殊的社会遗传，规范着作者言说及体验的过程。"①庄子在其《寓言》篇中首先就对"寓言"体裁进行了明确的界定，并在此基础创作出异彩纷呈的寓言，因此可以说庄子创制了"寓言"这种文体。除此之外，还有两点原因。一是庄子寓言已经具备相当的独立性。不同于《孟子》《韩非子》中的寓言，《庄子》中的相当一部分寓言已经脱离了寓言通常的附庸地位而独立成体。二是庄子已经具备相当的独创性。其他诸子寓言多取自历史传说和民间故事"改造"而成，而庄子则是凭着一种自由的精神"创造"出自由的形象，如大鹏与神人的寓言就是最好的例证。

---

① 孙雪霞. 文学庄子探微［D］. 广州：华南师范大学，2004：227.

另有一些研究对《庄子》文体区分更为细致，如石龙岩认为《庄子》涉及 12 种文体①，其中有些提法较为独特。

（1）论说。通过《齐物论》第五章、《大宗师》第一章、《骈拇》第二章等内容，可以看出《庄子》中存在大量的论说体，且形式多样，不仅使用了"故""则"这样的逻辑标示词，有的还使用了整饬的结构或反问的句式来论说，既体现了论证的多变性，又体现了论说的节奏性和激烈性。

（2）问对。问对是指设置对话或是对真实对话的记录，也是散见于《庄子》各处的一种文体形态，不仅有纯粹的问对体，还有穿插于其他文体如小说、寓言、论说、赋中的问对体。《齐物论》第三章和第六章、《养生主》第三章、《人间世》第一章、《天运》第一章等，都是运用问对体的典型篇章，如尧问于舜的一问一答（亦被视为"重言"）、公文轩的自问自答（且为连问）、颜回与仲尼之间的借助问对而意在推动议论的问答（回答较长）等。

（3）语。语体是指带有明确的议论性的语言以及对话记录，《国语》《论语》以及徐元诰《国语集解》的"前言"部分，显明地表现出这一特点。《庄子》一书中也不乏具有语这一文体特点的文章，如《让王》《知北游》第七章及第九章等，先是一些简单的对话，接着是用议论性的文字来讨论相关的问题。而《庚桑楚》整篇都符合语体特征，前两章是庚桑楚与弟子、南荣趎与老子的对话，而后面诸章均是有关议论，从结构上来讲显然符合简单叙事加议论的语体特征。

（4）寓言。寓言是《庄子》一书中最为显著的文体形态，该研究将寓言体界定为篇幅相对较短、寄托了一定的思想但又能达到不言而喻

①　石龙岩.《庄子》文体研究 [D].兰州：西北师范大学，2011：23－52.

效果的文体，因为"寓言是寄托一种哲理或说明一个道理的小故事，往往带有劝诫、教育的性质，所以人们在讲道理时常会引用到"①，而将篇幅较长且其中有较多修辞手法的视为小说体或其他文体。

（5）诗。《庄子》的诗体特点在郭沫若的《鲁迅与庄子》与闻一多的《庄子》均有论述，闻一多认为"（《庄子》）外形同本质都是诗"，而庄子则是"抒情的天才"和"写生的妙手""他的思想的本身便是一首绝妙的诗"。②

（6）赋。根据刘勰的《文心雕龙·诠赋》的定义，赋是："述客主以首引，极声貌以穷文"，据此分析，《庄子》有赋体，分别存在于对话体和叙述体文本中。如《说剑》就是一篇赋体小说，在形容与描绘"天子之剑"和"诸侯之剑"时就具有丰富的想象力，带有赋的色彩，通过赵文王与庄子之间的对话和庄子一席几近夸张的言辞，表明庄子对"天子之剑"与"诸侯之剑"的认可和对"庶人之剑"的贬损，从而达到规讽的目的，这种存在于对话体中的赋很好地展示了赋体"述客主以首引"的特点。而存在于叙述体中的赋体因素，《齐物论》和《天下》篇则是很好的例证。如《天下》篇对于各"治方术"家的列举与价值判断，采用的列举式的叙述更加体现了赋体"铺排"的特点。可以说，"《庄子》文章善于铺张、夸示，已开汉代赋家之先河"③。

（7）隐。"隐"在《文心雕龙·谐隐》中是与"谐"放在一起讨论的，因为二者都具幽默感。"隐"是指不直接说出想要表达的内容，而

① 赵逵夫.先秦文学编年史（上）[M].北京：商务印书馆，2010：36.
② 闻一多.闻一多全集（第2卷）[M].北京：生活·读书·新知三联书店，1982：280.
③ 曹道衡、刘跃进.先秦两汉文学史料学[M].北京：中华书局，2005：235.

是通过谈论看似无关的话题，暗有所指，从而达到劝谏的目的。《让王》篇中子华子对昭僖侯所言就是一个很好的例证，通过对话中"左手攫之则右手废，右手攫之则左手废，然而攫之者必有天下"的比喻来表达"轻物重生"的观点，即要明辨事物的轻重，值得看重的是生命而不是利禄、土地等身外之物。以《徐无鬼》为例，徐无鬼拜见魏武侯，用相狗之术和相马之术引发魏武侯的喜悦，借此以讥讽诗、书、礼、乐的无用。像这样的隐文在《庄子》中还有很多。

（8）成相。对"成相"的解释繁芜丛杂，但普遍认同这种文体出自民谣或与民谣类似，能口头传颂，具有通俗性的特点，且句式固定化，为"三、三、七、四、七"的句式。《庄子》一书中虽没有成熟的成相体，但含有成相体因素。

（9）小说。《庄子》中有大量篇章属于小说体，大概可以分为两类，第一类以《盗跖》为例，开后世短篇小说之先河，第二类与动植物描写和杂记体不同，具有隽永、意味深长的文体特点，对后世笔记体小说影响极大。除《盗跖》外，《说剑》《渔父》也被认为是超过魏晋南北朝时期很多志人小说和志怪小说的小说。此外，还有诸如《寓言》《徐无鬼》《在宥》《天地》《天道》《天运》《达生》《田子方》《知北游》等很多外、杂篇中的篇目确有小说体的特点，且其情节多在对话结构中展开，人物形象也是在对话结构中塑造的，表明当时各种文体之间并没有完全分化开，而是彼此之间多有关联。

（10）戏剧。宋元以后的庄学著作中常常提及"戏剧"二字，反映出对《庄子》诙谐、滑稽、虚构特点的认识，而这也正是戏剧体的特点。如《外物》篇中"儒以诗礼发冢"部分，虽然篇幅不长，但对儒者盗墓之情态可以说是刻画得极具戏剧效果，讽刺了儒家表面倡导诗、礼，暗地里却干着见不得人的勾当。此外，《应帝王》第五章、《大宗师》第九章等篇均已具备戏剧体的特点。当然，在《庄子》中，戏剧还没有成为一个成熟的文体，只是具备了戏剧的因素而已。

（11）诔文。早期的诔有一个直接的目的，就是为死者定谥，但后来逐渐模糊了这个直接目的，而将重点放在了寄托哀悼之情上，近似于后世的祭文。读过《庄子》的人都知道，庄子与惠施关系非同一般，记录这种关系的篇目很多，如《徐无鬼》《逍遥游》《齐物论》《德充符》《秋水》《至乐》《则阳》《外物》《寓言》《天下》等，因此，在《徐无鬼》中"庄子送葬，过惠子之墓"的这段描写正是表达了庄子对于这位故友的追念和惋惜，正所谓"夫子谓惠，庄惠行事不同，而相投契，惠死，而庄无可与纵言之人，是以叹也"①。

（12）连珠。连珠体的特点为"'定格联章'的结构""政治教化的主题""讽喻君主的用途""韵文为主、韵散并存的语言形式"和"逻辑标识词语的定型"。《庄子》很多篇章虽未具备所有这些特点，但已具备了连珠体的部分特点，如《人间世》《德充符》《大宗师》《胠箧》《渔父》等篇目。

综上所述，可以说《庄子》是以散文为主体，集诗歌、小说、寓言、赋、语等多种体裁于一体的经典著作。先秦时代，人们并没有明晰的文体意识，《庄子》各种文体形态浑然蕴含于一体，不足为奇。也正因为如此，《庄子》对后世文学创作产生了不可估量的影响。

---

① （清）王先谦. 庄子集解 ［M］. 北京：中华书局，1954：46.

第五节　《庄子》寓言研究

　　《庄子》一书堪称文体大全，而在诸多文体中，寓言尤其受到学者们的青睐。《庄子》一书之所以被视作文学瑰宝，其价值在很大程度上是由书中寓言体现出来的，寓言构成《庄子》全书的主要部分；这点与其他子书不同，在其他子书中寓言一般不占主要地位，而是文章的附属品（《韩非子》中的《说林》等篇除外）。①可以说，没有寓言，就没有《庄子》这部浪漫主义的著作。

　　在对《庄子》的文学研究中，提及最多的即是对其寓言的研究。有的是把寓言作为单独研究的对象，挖掘它的文化内涵及在中国文学中的贡献等；有的是把寓言同重言和卮言放在一起进行研究，以探究《庄子》的话语特色；有的专门研究寓言中的各色人物形象；有的又把它同其他典籍中的寓言进行对比分析。《庄子》寓言的文学贡献、寓言与重言、卮言的关系等前面已有提及，本节主要关注对《庄子》寓言与其他典籍中寓言的对比以及《庄子》寓言中的人与物的形象塑造。

　　寓言作为一种文学样式，要早于《庄子》，但"寓言"一词最早是在《庄子》里出现的。

　　战国时期，"寓言"的创作进入繁荣期，在百家争鸣的局面中，为了增强自身理论学说的吸引力和说服力，诸子各家争相运用"寓言"这一手段，"寓言"的创作异彩纷呈。除庄子外，《孟子》《列子》《韩

---

　　①　白本松. 先秦寓言史［M］. 郑州：河南大学出版社，2001：109.

非子》《吕氏春秋》等子书中的"寓言"，总数在千篇以上。与其他诸子著作寓言相比，《庄子》寓言最大特色在于题材全面化，神话传说、历史故事、现实生活、动物植物，乃至抽象观念等，无不为其所用。《庄子》大量运用动物甚至抽象名词创造"寓言"故事，这不但可与《伊索寓言》比美，在诸子中也是绝无仅有的。①其次是题材的生活化，《庄子》的寓言世界生活气息浓郁，木匠、石匠、铁匠，厨师、商人、牧羊、喂马、伺虎、屠牛，各行各业，各色人等，皆为《庄子》"道"统。

在诸多诸子著作中，《庄子》和《韩非子》尤以寓言故事见长，《庄子》里有近200则寓言（宽泛意义上统计），《韩非子》寓言300多则。两书的寓言以怎样的方式构建了各自的文本世界是很多学者关注的话题。综合相关研究②，两书寓言之异同可概述如下：首先，两者均通过寓言故事表达各自的哲学思想或学术主张，《庄子》中的寓言反映的是道家学派的思想，而《韩非子》中的寓言表现的却是法家学派的主张；从组织形式上看，《庄子》中的寓言没有独立地位，只是夹杂于文中，而《韩非子》中的寓言却呈现出相对独立且结构宏大的群落体制；从创作方法上看，《庄子》中的寓言多奇幻玄虚、生动形象，洋溢着浪漫主义精神，且题材较为广泛，自然的、历史的、现实的，各类题材应有尽有，而《韩非子》中的寓言多质朴平实、庄重峻峭，呈现出现实主义特征，寓言题材较为单一，大多出自历史典故；从形象塑造上看，《庄子》寓言中的形象既有人物，又有动植物甚至是无生物，而《韩非

---

① 陈德福.《庄子》散文"三言"研究［D］. 福州：福建师范大学. 2008：36.
② 参见陈蒲清. 中国古代寓言史［M］. 长沙：湖南教育出版社，1996；公木. 先秦寓言概论［M］. 济南：齐鲁书社，1984.

子》寓言刻画的形象绝大多数只有人物。"庄、韩寓言在用法上，在文学一般特点上相类似，但二人政治观、人生观、审美观不同，故寓言的思想内容、艺术特点多有不同：一是博大虚灵，一是阴深阻滞；一是超越本体，一是贯注世俗；一是哲学的，一是政治的；一是养生的，一是治人的；一是浪漫的，一是现实的；一是轻松快乐的；一是沉重愁苦的；一是平民的，一是政客的；一是自然的，一是人为的。"①

《庄子》寓言通过奇伟瑰怪的想象，塑造了丰富多彩的人与物的形象。这些人物，无论是古圣先贤，还是鸟兽虫鱼，都是庄子之"道"的体现和承载者，折射出庄子之"道"的内涵。有研究指出，庄子创作寓言形象的思维特征是：立象以尽意、象征隐喻、启悟性与生发性。语言是思维的载体，不同的语言形式反映出不同的思维方式。先秦时期，诸子百家的思维方式是各种各样的，有的用简论来阐述政见与道德规范；有的用辨析来说明哲理观点；有的用智巧来探寻世界的奥妙；而庄子则以他独特的思维方式来宣扬道家观点。②所谓庄子独特的思维方式指的就是"立象以尽意"的方式，通过寓言形象的塑造以表达深奥的哲学思想，即内涵极其丰富却难以言说的"道"，如在《知北游》中，庄子通过创造蝼蚁、稊稗、瓦甓、屎溺等寓言形象来说明"道"之无所不在。而《庄子》寓言中呈现出的形象形形色色，无所不包，既有山川河流、花鸟虫鱼，又有天地日月、人鬼神怪，既有对统治阶级的刻画，又有对劳动人民的描述，以此表达庄子或憎恶或歌颂的强烈情感。正是这种"立象以尽意"的思维方式，使得《庄子》的寓言形象

---

① 陈龙. 比较《庄子》和《韩非子》寓言 [J]. 玉溪师范学院学报, 2007 (12): 43 – 51.
② 陆钦. 试论庄子的思维方式 [J]. 黄淮学刊（社会科学版）, 1999 (3): 18 – 21.

呈现出一种意蕴深刻的特点，反过来，又是因为这种象征隐喻思维的运用使其寓言形象表现出言有尽而意无穷之特点。作为读者，不能仅仅停留在形象的表面，而应体悟到形象的象征隐喻意义。然而，由于庄子寓言形象具有多层面、多指向的特点，因此，寓言形象的象征隐喻意义往往是朦胧多义的，在形象的启发下，读者的思维可以自由驰骋，尽情感悟。

　　《庄子》的寓言形象有三类比较突出：庄子的自我形象、理想人物形象和畸人形象。①庄子的自我形象多出现于庄子的外篇和杂篇当中，如《至乐》中的庄子鼓盆而歌、《列御寇》中的庄子将死、《外物》中的庄周借米、《秋水》中的庄子濮水边对话、《山木》中的庄子见魏王、《知北游》中的庄子答东郭子等，在这些庄子的自身形象里，庄子是一个轻视名利、了悟生死的智者，与道合一、自由自在。羽化翩跹则是庄子的理想人物形象，庄子在书中刻画出的至人、神人或真人，如《逍遥游》中的藐姑射山神人，"肌肤若冰雪，绰约若处子。不食五谷，吸风饮露。乘云气，御飞龙，而游乎四海之外"。又曰："若夫乘天地之正，而御六气之辩，以游无穷者，彼且恶乎待哉！故曰：至人无己，神人无功，圣人无名。"这些神人、真人、至人顺应自然规律，自适逍遥，超越无限，达到精神生命的绝对自由，而自由的逍遥无待正是庄子对"道"的理解，也是庄子所追求的理想境界。庄子在书中还刻画了一批形怪神美的畸人形象，如兀者王骀、兀者申徒嘉、兀者叔山无趾和恶人哀骀它等人，他们容貌丑陋、形体残缺，但他们却能守住生命的本质，重视精神生命与道的体悟。庄子对他们的德行赞誉有加，试图通过

————————

　　① 参见李明珠. 庄子寓言鉴赏［M］. 广州：广东教育出版社，2009.

这种形体与精神的巨大反差来表达"德有所长，而形有所忘"，也体现了庄子道不远人，道在自然的观点。

《庄子》寓言形象的艺术特征可用三个词来概括：奇诡、宏阔、深妙。林云铭评价《庄子》之文是"文情飞舞，奇致横生"①。《庄子》寓言给人的直观感受就是奇谲怪诞，这主要体现在以下几点。（1）异于常人的思想行为。最典型的莫过于"庄子将死"和"庄子妻死"这两则寓言，表达了庄子对于生死的独特荒诞的思想认识。（2）超凡离俗的能工巧匠。《庄子》寓言中有一大批来自社会底层的能工巧匠，如庖丁、梓庆、轮扁、工倕、捶钩者、匠石等人物形象，庄子对他们多有褒扬，《养生主》中的"庖丁解牛"、《徐无鬼》中的"匠石运斤成风"等寓言就是很好的例证。（3）新奇夸张的变形人物。这一点主要体现在庄子运用夸张手法塑造的一批畸形人形象，这些形象主要集中在《德充符》中，如王骀、申徒嘉、叔山无趾、哀骀它等。庄子通过夸张描写他人对于这些畸形人的态度来映衬他们的德行和才干，从而强调"德有所长，而形有所忘"的道理。其次，《庄子》塑造出的寓言形象神与物游、气势豪放，如大鹏形象、大鱼形象、"天籁"形象等，它们从庄子的大视野、大境界里喷涌而出，"如长江大河，滚滚灌注，泛滥于天下，又如万籁怒号，澎湃汹涌，声沉影灭，不可控抟"②。《庄子》寓言形象的第三个艺术特征是深妙，庄子创造寓言形象目的是为了说理，常常借助简单寻常之事来说明深邃的哲学道理，在庄子笔下，花鸟

---

① （清）林云铭. 庄子因［M］. 张京华，点校. 上海：华东师范大学出版社，2011：105.

② （宋）高似孙. 子略：卷2［M］. 上海：上海中华书局据学津讨原本校刊，1936：5.

鱼虫、天地万物都可以具有人的思想，并谈论深奥的哲理，因此说，拟人化为《庄子》寓言形象奇谲诡怪的重要表现，如寓言"朝三暮四""罔两问景"等。这些拟人化的寓言形象在表达蕴含深邃的哲理同时，又传递出一种神秘虚幻的色彩。

第六节 《庄子》文本结构研究

《庄子》文本结构也是一个引人关注的话题。清人刘熙载在《艺概·文概》中所言"庄子看似胡说乱语，骨里却尽有分数"，这个"分数"就是指庄子对其书结构的有意安排，而这种有意安排正是其象征手法的妙用所在。《庄子》行文看似散乱，但总是在围绕"道"这个主题来论述的，无论是内篇还是外、杂篇都是一个有机的统一体。叶舒宪在《庄子的文化解析》中，对《庄子》内七篇的结构做了深入地分析，指出内七篇是一个统一的整体，各篇之间的关联性和整体性在于具有一种内在的逻辑上的呼应，这种内在的呼应使《庄子》一书成为首尾圆通的艺术整体。而这整体性是以一种"回环"结构所展开的：庄子运用变化的手法将内七篇设计为一个神话回环，在此回环中，以浑沌为起点，又以浑沌为终点，使文本的结构形式同作品的中心主题，即回归与永恒完美吻合，从而达到诗哲合一、思想的展开与音乐的韵律和谐一致的艺术境界。①这一关于《庄子》内七篇"以浑沌为起点和终点"的"回环"结构论对后来者的研究产生了很大影响。

---

① 叶舒宪. 庄子的文化解析——前古典与后现代的视界融合［M］. 武汉：湖北人民出版社，1997：106.

刘生良在分析《庄子》文本结构时认为，《庄子》文本的纵向结构是"召唤结构"。《周易·系辞》中提出了"言、象、意"三个层面，这三个层面本是一般文学作品的共同内在审美结构特征，由于《庄子》是以"藉外论之"的寓言为主体的文本，因此该特征尤为显著。当读者阅读寓言时，"首先接触的是'言'，其次'窥'见的是'象'，最后才能意会到由这个'象'所表示的'意'"①。三者缺一不可，共同构成了由表及里的、层层深入的"召唤结构"。而"回旋的结构体系"则是对《庄子》横向结构的描述。关于内篇整体性的论述，古今学者有的认为在于义理，如成玄英、褚伯秀、周金然、郎擎霄等；有的着眼于庄文"言"（话语）的层面，如张默生、刘笑敢、崔大华等。刘生良的研究倾向于认同叶舒宪的观点，认为内七篇之间整体性是以一种"回环"结构展开的。因此，提出《庄子》内篇是由七个小回环环状排列而组成的一个大的回环结构。并提出《庄子》的体系特点是以内篇为基本，以外杂篇反复阐述的完整有机体，而全书的这种"重章叠唱"式的结构，也应是一种紧密相连的三重回环结构形式。但在认同《庄子》整体结构呈回旋结构的基础上，并不否认《庄子》篇章结构的灵变性，认为《庄子》篇章结构可从一般结构方式和复合结构方式两个方面进行探讨，一般结构有以下几种类型：

（1）并列式：章节独立完整，彼此结构平等、并列、相关或相对，无主次之分，如《人间世》《山木》《让王》等。

（2）连锁式：章节、层次之间环环相扣、蝉联而下，如《逍遥游》首段、《齐物论》《应帝王》等。

---

① 童庆炳. 文学理论教程［M］. 北京：高等教育出版社，1998：177.

（3）层进式：各章、节、层次之间层层递进，如《骈拇》《马蹄》《胠箧》等。

（4）承接式：各章、节、段、层一个接一个地叙述连续发生的情节或故事，一般来讲，都有一个人物或其他线索贯穿始终，如《说剑》《渔父》及《盗跖》首章等。

（5）总分式：前后章节之间属于总论与分论的关系，又细分为"先总后分式"和"先分后总式"。前者如《养生主》《天地》《天道》《寓言》《天下》等多篇，后者如《德充符》《则阳》二篇。以上所述都是单一形态的基本方式，而《庄子》的多数篇章都属复合结构形式，大致有两种情形：多重组合的复合结构方式和多种相兼的复合结构方式，前者有《逍遥游》《齐物论》《人间世》等，后者有《骈拇》及《秋水》首章等。正是因为《庄子》具有上述提及的召唤结构、回环结构和灵变的篇章结构，才使得庄文具有了形散神聚、奇开妙结、有形无形等奇妙的结构艺术特点。

贾学鸿《〈庄子〉结构艺术研究》是对《庄子》文本结构的专题研究。作者认为《庄子》的艺术奥秘和思想真谛，是情感、理解、想象诸因素不同比例的配合，都包蕴在其遣词造句的文字安排中。要真正领悟《庄子》，应当采取入乎其内、出乎其外的方式，将感性体悟与高度抽象相结合，从深入剖析其文本的结构形态入手。因此，著作从结构形式出发，借助结构形式的分析探究庄子的思想内容，又从思想内容反观结构形式的生成，较为系统、全面地梳理出《庄子》的文本样态。首先是以经传结构模式来分析《庄子》内篇与外篇、杂篇中内容相关之篇章的结构关系。以内篇为经，以外杂篇为传，从结构上将内篇和外、杂篇进行统合观照，如《秋水》对《齐物论》的转释、《达生》对《养生主》的提升等，在经传结构模式下，《庄子》内、外、杂三部分的关联得以打通。在此基础上，作者将经传结构模式扩展开去，深入篇章的片段内部，探讨单个故事间的经传呼应，进一步弥补了内、外、杂之间经传结构对应不工整的缺陷。整部《庄子》呈现出大的经传结构套小的经传结构的模态，经传结构成为打开《庄子》之门的一把锁钥。其次是紧扣庄子之道展开文本结构分析。《庄子》一书总的主旨是弘扬大道，但多数篇章又是从不同角度来阐述道的具体属性，因此，不同的篇目又会有独立的主旨，各主旨的呈现形式又使得庄文呈现缤纷多彩的结构类型，或开门见山，或主旨居中，或主旨反复，或主旨隐没。尤其是在主旨隐没的篇章里，没有专门文字申述作品主旨，各个段落间只有隐蔽的理念粘合，主旨存于若隐若现之间，如内篇的《人间世》《德充符》《应帝王》，外篇的《天运》《山木》《田子方》《知北游》和杂篇的《盗跖》等。把握了主旨隐没这一结构特点，有利于更好地理解庄子之道。此外，《庄子》的否定结构、重叠结构等，均与其表达的道的特性有着密切关联。再者是对寓言故事的连类相次结构的分析，"所谓连类相次，就是多则寓言故事连续排列，以寓言序列的形态构成整篇文章或文章的部分片段，而且，各个寓言之间可能看似孤立无关，实质上是按照一定的类别和规则，以多种方式进行排列和组合，共同服务于作品的主题"①。在这一分析框架下，《庄子》中以寓言群形态出现的篇目被划分为丝线穿珠型和板块对接型，由此揭示不同的寓言编排形式所产生的不同艺术效果。

---

① 贾学鸿.《庄子》结构艺术研究［D］.上海：华东师范大学，2007：90.

本章小结

《庄子》是一座文学宝藏，本章在梳理当代《庄子》文学研究发展的基础上，提炼了以下几方面的研究成果：（1）《庄子》文学特征研究；（2）《庄子》文学成因研究；（3）《庄子》文学类型研究；（4）《庄子》文体形态研究；（5）《庄子》寓言研究；（6）《庄子》文本结构研究。这些研究总体上反映了国内《庄子》文学研究的理路和兴趣，《庄子》文学的主要品格也随着研究的推进而不断得以凸显。《庄子》以其独特的"三言"表达方式和饱含深情的批判笔触，构建了一个绮丽的文学世界；在这个世界里，后人们或隐或显地感受到来自中国上古时期的神话思维、荆楚之地的浪漫与巫风，以及宋文化里追求超拔的精神特质。从文学类型上看，《庄子》是浪漫型文学、现实型文学和象征型文学相互联通、浑然为一的有机统一体。就文体特征言，《庄子》是以散文为主体，集诗歌、小说、寓言、赋、语等多种体裁于一体的经典著作。在诸多文体中，《庄子》寓言是一个常说常新的话题，庄子的文学创生力在其寓言里得到最为集中的体现。《庄子》的文学魅力还体现在其文本结构上，它构成了一个宏大的隐喻，无论是召唤结构、回环结构还是经传结构，它们都是庄子之道的一种言说，也正因为如此，《庄子》的艺术奥秘奥更显无穷。

自然，国内学者对《庄子》文学的发掘远不止上述这几个方面，《庄子》的语言特色、《庄子》的对话特点、《庄子》"丑学"等都是人们关注的话题。随着研究的拓展与深化，《庄子》的文学内涵越显丰满充盈，其文学价值也越显独特珍贵。本土研究助推了《庄子》文学的海外译介与传播，为海外相关研究提供了丰富的学术资源，同时，在源语文化的背景参照下，海外《庄子》文学的表达与阐释特色也将得到更好地显现。

第三章

《庄子》文学的跨文化书写

　　讨论东亚文化圈之外的西方学者如何对《庄子》文学展开研究，首先需要理清《庄子》在西方的翻译。因为对绝大多数的西方学者而言，他们对《庄子》的关注都始于文本的翻译以及翻译的文本。《庄子》是如何走进西方的，它又是以怎样的形态走进西方的，《庄子》的文学性在跨文化翻译里获得了怎样的表达，这些都直接影响着西方学者对《庄子》文学的认知与解读。本章将对《庄子》的跨语际翻译予以梳理和解析，以勾勒《庄子》文学海外传播的文化地图。由于英语作为世界通用语的作用越来越突出，英语世界的《庄子》翻译成为西方《庄子》翻译的主流，本章重点讨论的是英语世界的《庄子》翻译。

第一节　《庄子》西译的历时性描写

　　和其他先秦典籍一样，《庄子》的西方传播肇始于欧洲传教士来华所引发的欧洲中国文化热。随着中西文化交流的推进，欧美主要国家如英国、法国、德国、俄罗斯、美国等均有对《庄子》的渐进性传播，由文本介绍、节译（或选译）、全译到学理研究逐步展开。

　　就《庄子》在非英语国家译介情况而言，根据高深有关《庄子》国外版本研究，① 德国最早研究《庄子》的是汉学家海因利希·库尔茨（Heinrich Kurz），他于 1830 年发表《关于中国哲学家庄子及其作品》一文；第一部《庄子》德译本是马丁·布伯（Martin Buber）于 1910 年在莱比锡出版的《庄子的言论和寓言》（Reden und Gleichnisse des Ts-chuang-Tse），该译本对大哲学家海德格尔等都产生过影响。在法国，传教士戴遂良（P. Léon Wieger）于 1913 年在今河北献县译出法汉对照本的两卷本《道教》（Taoisme），其第二卷《道教的天师》中有《庄子》节译（Taoisme. Tome 2：Les Peres du systeme taoiste, Lao-tzeu, Leu-tseu, Tchong-tzeu）。俄国有关《庄子》的最早引介出现在 1880 年出版的《中国文学史纲要》里，这是世界上第一部中国文学通史，作者是中国文学史专家瓦西里耶夫（Vasiliev）。此外，欧洲其他国家也有对《庄子》的译介，如瑞典传教士爱立克·福克（Erik Folke）于 1922 年出版了《古代中国的思想家》（Tinkare idetgam la Kina），并把《庄子》（1924 年）一书译为瑞典语。波兰汉学家德·雅布翁斯基（D. Jablonski）组织翻译过《南华经》，并亲自作序，该书被认为是欧洲最好、最完整的译本之一。匈牙利汉学家杜克义（Tokei Ferenc）编译的《中国哲学著作选》（1967 年）收录了《庄子》，他还编译出版了《中国古代美学论文集》，其中收有《逍遥游》《齐物论》《养生主》《达生》等篇。②随着国内学界不断推进中国文化的对外传播，近年来国内也出版了不同语种的《庄子》译本，如湖南人民出版社推出的《大

---

① 高深 .《庄子》国外版本概述［J］. 出版发行研究，2016（8）：86－89.
② 马祖毅，任荣珍 . 汉籍外译史［M］. 武汉：湖北教育出版社，1997：71.

中华文库》里，含有法语、德语、俄语、西班牙语等多语种的《庄子》。

如本书导论所述，英语世界是《庄子》海外译介与研究的主阵地。最早的《庄子》英译本出现在 1881 年，译者为汉学家巴尔福（Balfour），最新译本为美国汉学家、哲学家任博克（Brook Ziporyn）的《庄子：精要篇章及传统注释选》（Zhuangzi：The Essential Writings with Selection from Traditional Commentaries），2009 年由美国哈克特出版公司（Hackett Publishing Company）出版。从 1881 年的第一个译本到现在，全译、选译、节译等各类译本达数十种①，下面对国内能收集到的译本（巴尔福译本除外）按出版时间顺序予以简述。

（一）巴尔福译本②

巴尔福（Frederic Henry Balfour，1846—1909），19 世纪英国汉学者。1881—1886 年间担任上海《字林西报》主笔，并从事道教经典的翻译工作，1879—1881 年间，巴尔福在《中国评论》（The China Review or Notes and Queries on the Far East）第 8、9、10 卷上相继发表了《太上感应篇》《清静经》以及《阴符经》等道教典籍的英译文。1881 年，巴尔福在伦敦和上海出版了《南华真经道家哲学家庄子的著作》（The Divine Classic of Nan-hua, Being the Works of Chuang Tsze, Taoist

---

① 由于统计路径不同，学者们对《庄子》英译本具体数量看法各异。如何颖在《接受与变异——英语世界的〈庄子〉研究》（吉林出版集团有限公司，2013）认为有 32 部全译本，62 部节译和选译本。姜莉《〈庄子〉英译：审美意象的译者接受研究》（北京师范大学出版社，2014）认为，已出版的译本 24 种中，其中全译本 10 部，其余为选译本。
② 虽然巴尔福译本国内已不可见，但作为《庄子》第一个英译本，它是相关研究不可绕过的话题。

Philosopher）一书。这是一本《庄子》全译，尽管翟理斯和理雅各对该译本的质量持否定态度，巴尔福对《庄子》英译的首推之功是不可否认的，同时，他的译本已经关注到《庄子》哲学与文学兼备的特征，评价庄子是"接受了儒家教育的一位了不起的作家，集形而上学家、讽刺作家、寓言家、善用矛盾话语者于一身"（This brilliant writer——metaphysician, satirist, fabulist, and paradoxist, was, by education, a Confucianist.）①。

（二）翟理斯译本

翟理斯（Herbert Allen Giles，1845—1935），英国剑桥大学教授，汉学家。自1867年起25年间在华担任英国领事馆翻译、领事等职，1893年返英，1897年起担任剑桥大学汉学教授，教学之余，潜心汉学。翟理斯用了整整两年时间全译《庄子》，于1889年1月由伯纳德·夸理奇（Bernard Quaritch）出版公司出版《庄子：神秘主义者、道德家和社会改革家》（Chuang Tzu：Mystic，Moralist，and Social Reformer），该译本1926年修订后再版，更名为《庄子——道德哲学家和中国的神秘主义者》（Chuang Tzu：Taoist Philosopher and Chinese Mystic）。从译本署名的变化也可看出翟理斯对《庄子》认识的更新。翟理斯的《庄子》译本构成有三大部分：引言、庄子哲学札记、全书33篇的译文。每一篇的译文里都夹杂有翟理斯的评论、解释，还多处引用柏拉图、爱默生等西人的名言与原文互释。根据译本引言所述，这是借鉴了中国的传统

---

① 根据姜莉《〈庄子〉英译：审美意象的译者接受研究》（北京师范大学出版社，2014，第34页），该引文出处为：Frederic H. Balfour. *The Divine Classic of Nan-hua, Being the Works of Chuang Tsze, TaoisPhilosopher.* ［M］Shanghai：Kelly & Walsh；London：Trubner & Co. 1881：xxxiii.

做法，译者希望这样能够帮助读者更好地理解庄子。①翟理斯的《庄子》译本自出版后，受到了极大的关注。虽然传译并不十分严密，加入的主观臆断较多，但它以流畅的译笔，将庄子哲学之精华传递给了英国读者，对于西方了解中国与中国人发挥了很好的作用。不仅如此，英美一些著名作家如奥斯卡·王尔德（Oscar Wilde）、亨利·米勒（Henry Miller）等，与《庄子》结缘，也是与翟理斯的翻译工作有着千丝万缕的关联。②

（三）理雅各译本

理雅各（James Legge，1815—1897），英国著名的来华传教士之一，杰出的汉学家。1891 年，也即翟理斯译本出版两年后，理雅各出版了《庄子》的第三个英译本，也是第三个全译本：《庄子文集》（The Writings of Kwang-dze），该译本与《道德经》《太上感应篇》的英译本共同合成《道家文本》（The Texts of Taoism），收入在英国宗教学家、语言学家缪勒（Max Müller ）主编的《东方圣书》（The Sacred Books of the East）系列丛书中。该版本除译文外还包含前言、详尽的注释、附录以及专有名词的索引等，为西方人研究道家著作提供了重要的参考资料。与行文较为流畅的翟理斯译本相比，理雅各的《庄子》译本更注重文本内容的忠实传达，所以文句较为累赘冗长。但理雅各本人作为近代英国第一位著名汉学家所具有的崇高威望，以及素来严谨的治学态度，使得该译本成为《庄子》英译本的权威译作，具有很高的学术价值。

---

① Herbert A. Giles. trans. *ChuangTzu：Taoist Philosopher and Chinese Mystic*［M］. London：George Allen & Unwin, 1926：xvi.

② A. C. Graham. *Chuang-tzu：The Seven Inner Chapters and Other Writings from the Book Chuang-tzu*［M］. London：George Allen & Unwin, 1981：30.

（四）翟林奈译本

翟林奈（Lionel Giles，1875—1958），为汉学家翟理斯之子。生于中国，1900 年回英国任大英博物馆东方部主任，管理敦煌写经者。1906 年，翟林奈出版了《庄子》选译本《中国神秘主义者沉思录：庄子哲学选读》（Musings of a Chinese Mystic；Selections from the Philosophy of Chuang Tzu：With an Introduction by Lionel Giles），由伦敦的约翰·穆莱出版社（John Murray Ltd.）出版。

（五）冯友兰译本

冯友兰（Fung Yu-Lan，1895—1990），当代中国著名哲学家、哲学史家。1933 年，商务印书馆（上海）出版了冯友兰翻译的《庄子》选译本——《庄子：新译节选与郭象哲学的阐释》（Chuang-Tzu：A Selected Translation with an Exposition of the Philosophy of Kuo Hsiang），该译本作为第一本由中国本土学者翻译的译作，具有里程碑式的意义，1989 年由外文出版社重新出版。此译本不仅译出了全部内篇，还加译了晋人郭象的注疏，很好地传达了《庄子》的哲学思想。由于冯友兰有着赴美留学和讲学的经历，因此他的译本在英语世界里颇受欢迎。

（六）韦利译本

亚瑟·韦利（Arthur David Waley，1889—1966），英国 20 世纪极具天赋的汉学家。其主要汉学成果集中于文学领域，同时也致力于中国思想经典的翻译与研究，他的《论语》译本与《道德经》译本都是目前英语世界比较通行的译本。1939 年 11 月，韦利的著作《中国古代的三种思维方式》（Three Ways of Thought in Ancient China）在伦敦出版，韦利对先秦时期儒家的孟子、道家的庄子、法家的韩非子的思想进行讨论，其中有《庄子》部分轶事和论辩的翻译。该书文字浅显易懂，对英语世界读者来说，是一部有关中国先秦思想史研究的普及型著作。
1982 年，美国斯坦福大学出版社再版此书。

（七）修中诚译本

修中诚（Ernest Richard Hughes，1883—1956）是英国伦敦会教士。
他自 1911 年起在中国福建、上海等地从事传教工作。1933 年回国，任
其母校牛津大学中国宗教和哲学教师，1939 年创立牛津大学汉学科
（The Honor School of Chinese），标志着牛津大学的汉学研究走向开放式
教育。1948—1953 年间在美国加利福尼亚大学任教。1942 年，修中诚
在伦敦出版了《古典时代的中国哲学》（Chinese Philosophy in Classical
Times），书中翻译了《庄子》内篇中除《德充符》之外的其他篇目，
题名为《自由诗人庄周》（Chuang Chou, The Poet of Freedom）。

（八）林语堂译本

林语堂（1895—1976），中国当代著名学者、文学家、语言学家。
1942 年，林语堂出版了《中国与印度的智慧》（The Wisdom of China
and India）一书，其中的 "庄子——玄学家和幽默大师"（Chuangtse,
Mystic and Humorist）部分，含有《庄子》内篇中 6 篇的翻译（《应帝
王》未译），以及外篇中 5 篇的翻译，分别是《骈拇》《马蹄》《胠箧》
《在宥》和《秋水》。林语堂在该部分的序言中指出庄子文风宏美，思
想深邃，堪称是他那个时代最伟大的散文家，人们即使不赞同《庄子》
的哲学思想，也不妨碍把它作为一部文学著作来阅读。由此可以理解林
语堂节译的《庄子》11 篇何以会以韵文形式出现的。

（九）陈荣捷译本

陈荣捷（Wing-tsit Chan, 1901—1994），美籍华人学者，哲学史家、
朱子学专家。1960 年，美国哥伦比亚大学出版社出版了陈荣捷与狄百

瑞（William Theodore De Bary）、华兹生共同编辑的《中国传统之本源》（Sources of Chinese Tradition），在该书中陈荣捷翻译了《庄子》中的《秋水》等 4 篇文章。1963 年，陈荣捷主编的《中国哲学原始资料》（又译《中国哲学文献选编》，A Source Book in Chinese Philosophy），由美国普林斯顿大学出版社出版，其中的《庄子》部分收录了他自己的译文。

（十）魏鲁男译本

詹姆斯．魏鲁男（James Hamilton Ware，1901—1979），美国汉学家。1929 年来到中国，是哈佛燕京学社的首位研究生，1932 年返回美国，获得哈佛大学哲学博士学位后留校任教。1963 年，纽约世界文学新图书出版社（The New Library of World Literature，Inc.）出版了魏鲁男的《庄子语录》（The Sayings of Chuang Tzu），这是继巴福尔、翟理斯译本和理雅各译本后，《庄子》的第四个英文全译本，也是 20 世纪《庄子》第一个英文全译本。魏鲁男把自己的翻译目的设定为让普通的西方读者也能理解庄子，因此他的译文"归化"倾向比较明显，如把《大宗师》译为"Let God Be Teacher"，《齐物论》译为"All Created Equal"，"真人"译为"God's Man"。人们对该译本褒贬不一，如另一位汉学家华兹生就对魏鲁男译本评价不高，认为其中生涩词语过多，跟之前的译本相比，此译本既没有长篇导论，也没有注释与索引，因此没有多少学术价值。另一方面，该译本的影响却颇为甚远，如台湾文致出版社于 1970 年出版了中英文对照的《庄子》，其中的英文部分即来自魏鲁男译本。一直到 1994 年底，台湾书店里唯一出售的《庄子》英语全译本就是该译本。

（十一）华兹生译本

伯顿·华兹生（Burton Watson，1925—2017），美国当代著名汉学家、翻译家。1964 年，他的《庄子入门》（Chuang Tzu：Basic Writings）由哥伦比亚大学出版社出版，主要包括《庄子》内篇的翻译；以此为基础，其译本《庄子全书》（The Complete Works of Chuang Tzu）又于1968 年由哥伦比亚大学出版社出版，此为《庄子》第五个英文全译本。于当代读者而言，翟理斯与理雅各的译本所用的是维多利亚时代英语，未免有些遥远，而华兹生的译本使用的则是流利的当代英语，译文中不乏口语词和俚语，甚至有不少成对词语与汉语原文的联绵词相对应，通俗易懂、可读性好。

（十二）莫顿译本

托马斯·莫顿（Thomas Merton，1915—1968），法裔美国作家、翻译家。莫顿十分喜爱中国的古典作品，他有关中国典籍的著作和译作所显示出的才华，受到不少华裔学者如吴经熊等的公认，认为莫顿对儒家和道家的思想做了既深入又明畅的介绍，不但发人深思，而且引人入胜。1965 年，莫顿的译作《庄子之道》（The Way of Chuang Tzu）由企鹅书店（Penguin Books）出版。全书由 62 个短小的故事构成，每个故事都配有生动的标题，并以自由体诗翻译，其译本具有很强的趣味性和可读性。

（十三）冯家福译本

冯家福（Feng Gia-fu，1919—1985 ），美籍华裔学者。毕业于西南联大，1947 年赴美国宾州读硕，并留在美国，后来成立了几家道家中心且四处讲学。1974 年，冯家福与英格里斯（Jane English）合译的《〈庄子〉内篇》（Chuang Tzu：Inner Chapters）由纽约蓝登书屋（Random House）分店古典书局（Vintage Books）出版，该译本是中外译者合作的成果，语言简朴，文笔流畅；同时，译者又对书本形式做了精心设计，页面上，一边是竖版书法的中文《庄子》原文，一边是英文及插图，译者试图以这种排版方式向西方读者传达《庄子》的非线性思维方式，可谓用心良苦。

（十四）葛瑞汉译本

葛瑞汉（Angus Charles Graham，1919—1991），英国著名哲学家、汉学家和翻译家，以其对宋明理学的研究而确立了在汉学界的地位。1981 年，葛瑞汉在伦敦出版了译作《〈庄子〉内七篇及其他》（Chuang-tzu：The Seven Inner Chapters and Other Writings from the Book Chuang-tzu）。译者根据自己对《庄子》的理解对译本篇目和段落的顺序进行了重新安排，并删除了一部分内容。这个选译本包含原文近五分之四的内容，在选译本中内容最多，特别注重分析和呈现《庄子》哲学思想，其翻译本身就是有关《庄子》研究成果的体现，对研究中国哲学十分有益。

（十五）克利瑞译本

托马斯·克利瑞（Thomas Cleary），当代知名的美国汉学家和典籍译家。1991 年在哈泼出版社旧金山分社（Harper Collins College Publish-ers）出版了《道之精华》（The Essential Tao）一书，包括《道德经》《庄子》内篇，译文在内容上并不完全忠实于原文，但行文通畅，在译文之后还附有《论道家、〈道德经〉和〈庄子〉的历史背景》，介绍了道家学派的形成过程和《老子》《庄子》的成书过程，具有学术参考价值，书中的注解也颇有特色。

（十六）布赖斯译本

布赖斯（Derek Bryce），英国学者。1984 年布赖斯从戴遂良 1913 年版法译本《道家天师》（Les Pères du Systéme Taoiste）转译了《庄子》全本，题为《道家智慧》（Wisdom of the Daoist Masters），这是《庄子》第六个全译本；1992 年，布赖斯又出版了《庄子南华真经》（Chuang-Tzu Nan-Hua-Ch'en Ching, or The Treatise of the Transcendent Master from Nan-Hua），该译本是《庄子》简译，篇幅短小。

（十七）梅维恒译本

梅维恒（Victor Henry Mair），美国汉学家、敦煌学家。1994 年，由班坦（Bantam）出版公司出版了《庄子》第七个英文全译本——梅维恒的《逍遥于道：庄子的早期道家寓言故事》（Wandering on the Way: Early Taoist Tales and Parables of Chuang Tzu）。该书 1998 年由夏威夷大学出版社再版。该译本附有序言和注释，出版商对此版本评价很高，认为此译本肯定会成为庄子著作在当代的权威版本。事实确实如此，该译本在讲求学术规范、兼顾读者接受、保持原文特色等方面都获得了一致的认可，尤其是译文对《庄子》文学风貌的再现，使其更具特色。

（十八）帕尔玛译本

帕尔玛（Martin Palmer），英国学者。1996 年出版了《庄子》译本（The Book of Chuang Tzu），这是《庄子》第八个英语全译本。该译本参照了理雅各、冯友兰和华兹生的三家译本，有前言和索引，不用注释，附有一些精美插图，行文流畅，通俗易懂。用帕尔玛自己的话说，他的译本是"面向更广泛大众市场的译本"。

（十九）兴登译本

大卫·兴登（David Hinton），美国当代诗人和译者。1997 年，兴登出版了《庄子》内篇的翻译（Chuang Tzu：The Inner Chapters）。其译本多作意译，更多展现的是译者所理解的庄子。

（二十）哈米尔与西顿译本

萨姆．哈米尔（Sam Hamill），被称为"来自美国西北部的传奇诗人"。1998 年，哈米尔与西顿（J. P. Seaton）编译出版了《庄子精要》（The Essential Chuang Tzu），由波士顿西藏出版有限公司（Shambhala Publications, Inc.）出版。该译本翻译了《庄子》里的 22 篇内容，并附有简短的术语索引，声称是用"地道美国英语翻译"的译本，注重译本的可读性。

（二十一）汪榕培译本

汪榕培，中国著名的英语教育家和典籍英译翻译家。1999 年湖南人民出版社出版了汪榕培、任秀桦的英译《庄子》（Zhuangzi），该译本为"大中华文库"出版书目之一。该版本借鉴参考了已有的《庄子》英文全译本和选译本，是《庄子》英文全译的第九个版本。译本强调以流畅的英语，表达原作的精神实质、再现原作的艺术风采。汪榕培曾先后完成了《老子》《易经》《诗经》等多部中国文化典籍的翻译，国文修养深厚、外语水平过硬、治学态度严谨，其《庄子》英译深受国内学者的好评。

（二十二）施耐沃夫译本

施耐沃夫（Gerald Schoenewolf），美国学者。2000 年翻译出版了《道：老子、庄子和僧璨》（The Way：According to Lao Tzu, Chuang Tzu, and Seng Tsan），其中《庄子》部分选译了 37 个故事，有 17 个是

诗体译文，其余为散体译文，并附有漫画插图。施耐沃夫指出，市场上的《庄子》译本各有利弊，宣称自己的译本是"是诗歌的创译（rendition），而不是字面直译，旨在传译原作的实质和语气"①。

（二十三）艾文贺、万白安译本

艾文贺（P. J. Ivanhoe）、万白安（B. W. Van Norden），美国学者。2001 年，二人主编的《中国古典哲学读本》（Readings in Classical Chinese Philosophy）由七桥出版社（Seven Bridges Press）出版，其中编译了《庄子》中的 19 篇文章，包括第 1—7 篇、第 12—14 篇、第 17—20 篇、第 22—24 篇、第 26 篇和第 32 篇，其中既有他们自己的翻译，也有其他学者的译文。

（二十四）科里亚译本

科里亚（Nina Correa），美国学者。2006 年，在其互联网网站"开放论道"（http：//www. daoisopen. com）上发表了《庄子》的全译本电子版：《庄子：无限境界》（Zhuangzi："Being Boundless"），有 428 个条目共两万多字的术语解释，并提供中国道家思想研究与翻译以及《庄子》英译研究的一些网络资源地址，为互联网时代的《庄子》研究提供了新的途径。

（二十五）吴春（音）译本

美国密西根大学吴春（Chung Wu）于 2008 年出版了《庄子智慧：论道》（The Wisdom of Zhuang Zi on Daoism, Peter Lang 出版社），这是《庄子》的第 11 个全译本，并附有评注。译者在前言中指出，庄子既

---

① Gerald Schoenewolf. trans. *The Way：According to Lao Tzu, Chuang Tzu, and Seng Tsan* [M]. Fremont：Jain Pub Co, 2000：1 - 2.

是哲学家，也是文学巨匠（literary giant），庄子很擅长讲故事。

（二十六）任博克译本

美国汉学家、哲学家任博克（Brook Ziporyn）的庄子：精要篇章及传统注释选（Zhuangzi: The Essential Writings with Selection from Traditional Commentaries），选译了 22 篇内容，是《庄子》的最新英译本，2009 年由美国哈克特出版公司（Hackett Publishing Company）出版。

以上是对一百多年来《庄子》英译概况的梳理，可以看出，在众多译本当中，选译本多于全译本，而选译本中内篇则为必不可少的内容。这与国内的《庄子》关注重点是一致的。同时可以看出，《庄子》译者主体发生着明显的变化，由英国传教士、汉学家为主逐步演变为美国学者领先，中国本土译者及美籍华裔译者越来越活跃。表明《庄子》的海外研究重镇已由欧洲转移至美国，也表明中国学者对中国文化的海外传播、与海外学者开展跨文化对话的意识日渐增强。自然，由于翻译发生的时代和翻译目的的不同，以及译者自身学术背景的差异，各个译本都展示出了各自不同的特点，为《庄子》在英语世界的传播发挥了不同程度的促进作用。

第二节　《庄子》译本的多元形态

如前所述，《庄子》大多数译本出自英美译者之手，前期主要是英国汉学家居多，而后期更多的是美国学者，另有一小部分由中国本土学者和美籍华人翻译。那么，中国典籍的英译，如《庄子》，是由国外的汉学家来翻译比较好，还是由中国本国的学者翻译比较好呢？关于这一点，译界一直难以达成一致意见。一种观点认为，中国典籍的英译理应由以英语为母语的译者来完成，如葛瑞汉就主张："我们几乎不能放手给中国人，因为按照一般规律，翻译都是从外语译成母语，而不是从母语译成外语的，这一规律很少例外。"① 而与之相反，也有观点认为："西方汉学家再怎样对中国文化进行研究，他们对中国文字中的内蕴理解总很难透彻。他们用西方人的习惯思维考察中国古典文化中的哲学和伦理，就可能有误解。因此，今天为了使中国文化让西方读者分享，就得有新的译本，最好新的译者是中国人，而且应当是学贯中西的中国译者。"② 确实，《庄子》译本各不相同，但究其原因，主要还在于译者的翻译目的不同、侧重点不同以及相应的翻译策略的不同。同时，译入语读者的阅读目的不同、欣赏习惯不同等因素也会对译文质量做出不同的评价。下面选取几个重要的《庄子》英译本，对其主体形态特征进行描述，以期反映《庄子》英译的宏观风貌。

一、理雅各译本——以忠实原典为追求的《庄子》

作为 19 世纪英国著名汉学家，理雅各是第一个系统研究和翻译中国典籍的翻译家。在 1861 年至 1886 年这 25 年间，理雅各将"四书""五经"等中国主要典籍全部译出，共计 28 卷。理雅各翻译的《庄子》全译本——《庄子文集》于 1891 年出版。从译本的构成就可看出理雅各对翻译工作的细致周全：前言、研究导论、英译正文、每个章节的提要、脚注、附录和索引，尤其是脚注值得一提，极其详尽、无所不包，共达 1141 处，以解释《庄子》篇章中的中国传统哲学术语，以及文中

---

① 潘文国. 谈中国译者从事汉籍英译的意义 [J]. 中国翻译，2004 (3)：40–43.
② 罗志野. 读《庄子》新译 [J]. 外语与外语教学，1998 (10)：49–50.

出现的数量众多的人名、地名、动植物名称等。为标注这些注释，理雅各不辞辛苦、不厌其烦地查阅相关文献，参考历朝历代多家注释本，再加以综合研读，最终形成自己独特的观点。同时，为了体现对原著的忠实性，理雅各在翻译篇名、人名、物名和地名时，大多采用音译加直译的方法。该译本的另一大特色是对各章题旨进行了极为详尽的解读，其译本序言部分既有对各篇名本义的阐释，也有对各篇思想要点和论证过程的整理，仅这些题旨解读就占了36页、1万多字的篇幅，理雅各治学之严谨由此可见一斑。此外，为帮助西方读者能更准确地理解《庄子》，理雅各还以《史记》为参照，对庄子以外的老子、孔子、孟子、惠施、墨子等其他先秦诸子进行了细致的介绍，勾画出庄子时代及其前后中国思想界的概貌，为西方读者阅读《庄子》提供了有益的背景参考。

理雅各以严谨的学术态度，力求译文达到"忠实、准确"，深受西方读者的好评。理雅各对中国经典，包括《庄子》的翻译，推动了中国的哲学思想和文化在西方的传播，对西方的普通读者来说，很多人都是通过他的翻译，对中国文化有了初步的认识，而对西方学者来说，通过理雅各的翻译而引发的对东方文化的思考，也影响了他们对西方自身的哲学思想、伦理思想以及文学思想的反思与研究。因此，理雅各的贡献是不言而喻的。

二、冯友兰译本——偏重哲学思想译介的《庄子》

冯友兰，中国当代著名哲学（史）家、教育家。1895年出生于河南唐河县一个书香门第，从小受儒家文化熏陶，为其日后的学术研究打下了坚实的基础。1915年入北京大学哲学系学习，1919年赴美国哥伦比亚大学研究生院哲学系学习，1924 年获得博士学位。回国后先后在中州大学、广东大学、燕京大学、清华大学、西南联大、北京大学等校任教。期间，他于 1946 年再次赴美任客座教授，还获得过美国普林斯顿大学、哥伦比亚大学等学校名誉文学博士称号。

1933 年，冯友兰翻译的《庄子》选译本《庄子：新译节选与郭象哲学的阐释》在上海由商务印书馆出版。该译本于 1964 年在纽约再版，1989 年由北京的外文出版社重印，并新增冯友兰著的《中国哲学简史》第 10 章"道家的第三阶段：庄子"作为该版本的附录二。

冯友兰是第一个英译《庄子》的中国学者，他的译本也是第一个明确宣布偏重《庄子》哲学翻译的英译本。这与他的从教经历分不开，因为其译文的蓝本就是出自他在燕京大学执教时的讲义，冯友兰在其《庄子》译本的导言中对自己的翻译目的进行了这样的说明："翻译是一种解释与评论。就目前的《庄子》英译本而言，从文学或语言学的角度来说或许是好的，有用的，然而在解释《庄子》一书时，这些译本似乎并未触及作者真正的哲学精神。……看来我们需要一本更注重庄子之哲学思想的译本。"①深厚的家学渊源，丰富的国内外求学、执教经历，冯友兰一方面对中国哲学及其研究方法有较为全面的了解，一方面受西方学术训练，其研究注重严密的逻辑分析，研究方法上又具有西方特色，这些都鲜明地体现在《庄子》翻译中。冯友兰的翻译是以前人的译本作为参考依据的，既有相同之处，也有独到见解。"在翻译中我参考并自由地利用了他种译本，尤其是理雅各和翟理思的译本。译文得体时，就没有必要仅仅为了不同而求异。但是，对于一些重要的术语、

---

① Fung Yu-lan. trans. *Chuang-Tzu*：*A New Selected Translation with an Exposition of the Philosophy of Kuo Hsiang*［M］. Beijing：Foreign Languages Press, 1989：1.

词语或段落，我往往根据自己认为是对《庄子》哲学的恰当解读而重译，因为它们对整个章节的理解非常关键，不同的翻译可能会使整个篇章的语气和色彩有所不同。如此翻译，加上注释与评论，也使我能够称这个译本为我的译本。"①

冯友兰的《庄子》译本包括导言、内七篇的正文翻译、附录和索引四大部分。序言部分是对一些重要命题的阐发，如道与德、生与死、绝对自由、纯粹经验等；与其他译本不同的是，译本第二部分的正文译文，不仅翻译了《庄子》原文，还翻译了相应的郭象的《庄子注》，并附译者自注；附录以《郭象哲学的特点》为题。

根据译本正文译文，不难看出，冯友兰的翻译，实际上是承袭郭象传统，对《庄子》的进一步阐释。多处都是依据郭象的注解去解读庄子哲学，表达更接近郭象义理。对郭象哲学思想的青睐，当与冯友兰的西学背景有关，他在美国哥伦比亚大学求学期间，师从实用主义哲学家杜威（Dewey）和新实在论哲学家孟太格（Mantague），冯友兰哲学思想上的新实在论倾向，与郭象的实用理性精神相呼应，因此，郭象注庄和冯友兰译庄，文脉相承。冯友兰的译本与西方哲学的亲缘性在译本序言及译文注释里有更为明晰的表达，书中不断出现一些西方哲学家的名字，如美国实用主义哲学家詹姆士（William James）、荷兰哲学家斯宾诺莎（Baruch de Spinoza）、德国哲学家黑格尔（Georg Wilhelm Friedrich Hegel）等，西方的哲学概念，如上文提到的"纯粹经验""精神自由"等，也是频频出现，译者常常用这些概念解释道家哲学，将两者互为比附，甚至在两者之间划上等号。冯友兰凭借其深厚的哲学素养和过硬的

---

① Fung Yu-lan. trans. *Chuang-Tzu*：*A New Selected Translation with an Exposition of the Philosophy of Kuo Hsiang*［M］. Beijing：Foreign Languages Press，1989：2.

语言功底，游走在中西哲学之间，通过以西释中式的解释与转换，把《庄子》丰厚的哲学蕴含呈献给西方读者。

三、林语堂译本——保持原作风格的《庄子》

林语堂，中国现代著名的学者、作家、翻译家和语言学家。早年在美国和德国留学，回国后在清华大学、北京大学、厦门大学等校任教，1966 年到台湾定居，1976 年在香港逝世，一生著述颇丰。

1942 年，林语堂编辑的《中国与印度的智慧》出版。在该书的《中国的智慧》一册中，自序之后的第一部分便是"中国的玄学"（Chinese Mysticism），包括"老子《道德经》"（Laotse, the Book of Tao）和"玄学家和幽默大师庄子"（Chuangtse, Mystic and Humorist）两部分。正是在此部分，林语堂在"序言"之后，翻译了《庄子》里的 11 篇文章，即《应帝王》之外的内篇中的 6 篇，和外篇中的《骈拇》《马蹄》《胠箧》《在宥》和《秋水》5 篇。林语堂坦言自己的译本是以翟理思的译本为基础，他认为翟的译本过于随意，但也承认在很多章节的翻译上翟理思做得很成功，对他自己的译本借鉴意义很大。此外，他对翻译的章节的选择也是有一定依据的，对各个章节或某些章节分别从哲学意义、文学价值、思想流派、或写作风格等方面做出了自己的评判。

林语堂在《庄子》节译本中对《庄子》在中国文学史上的重要地位给予了高度评价，认为庄子的文学天赋独一无二，无人能比。在译序的第二段中他是这样描述的："庄子绝对是周朝最伟大的散文家，就像屈原是最伟大的诗人一样。他的这一地位，是由他奇丽的风格与深刻的思想所奠定的。也正是因为这样，他虽然是最肆无忌惮批评孔、墨之人，也是儒家学说最有力的反对者，儒家学者却无不或公开或暗暗地仰慕他。在公开场合不赞同他的人，个个都将他的书当文学作品来读。它在丰富中国诗歌与文学想象方面所起的作用不可估量。"①林语堂还对译本中自己选译的篇章篇名做了如下表述：最富辩才的是《胠箧》；最具道家特点的是《在宥》；最神秘、宗教意识最浓的是《大宗师》；写得最漂亮的是《秋水》；最古怪的是《德充符》（典型的"浪漫主义"的主题）；最明快的很可能数《马蹄》；而最奇幻的则是第一篇《逍遥游》。②林语堂深厚的中西学术背景在他的《庄子》翻译中也得到了充分体现，他以简练大气的语言，在向西方读者介绍道家学说的同时，又很好地再现了原作的风格。

四、华兹生译本——思想性和文学性兼顾的《庄子》

华兹生，美国当代著名汉学家、翻译家，致力于中日文学的翻译与研究，翻译了不少诸子散文和古典诗词，如《史记》《左传》等，以及杜甫、白居易等的诗歌。因其文字平易而优雅，其译作深受读者欢迎。1964 年，华兹生的《庄子》选译本——《庄子入门》出版，包括内 7 篇，外篇的第 17 至 19 篇（《秋水》《至乐》《达生》）以及杂篇的第 26 篇（《外物》）。1968 年，华兹生出版了《庄子》全译本——《庄子全书》，是继巴尔福、翟理斯、理雅各、魏鲁男之后的第五个《庄子》英译全译本。

华兹生博采众家之长，在翻译《庄子》时以刘文典的《庄子补成》

① Lin Yutang. Chuangtse, Mystic and Humorist：Lin Yutang's Introduction ［O/L］. Terebess Asia Online （TAO）. 2016 - 8 - 11.
② Lin Yutang. Chuangtse, Mystic and Humorist：Lin Yutang's Introduction ［O/L］. Terebess Asia Online （TAO）. 2016 - 8 - 11.

为主要参考底本，同时参考了其他多种《庄子》的哲学解读本和一些主要的《庄子》英译本。在该译本的前言部分，华兹生系统考察了庄子的生平、思想和文本，并提出了颇为独到的见解。华兹生认为，一部《庄子》，其主旨可用两个字来概括，那就是"自由"，也即，庄子要表达的就是对"自由"的追求。因此，华兹生将《逍遥游》的篇名翻译为"Free and Easy Wandering"。当然，在介绍《庄子》一书时，华兹生也坦言他对一些历史事实的辨别不是很清楚，而《庄子》所采用的卮言、寓言和重言的言说方式，更是他翻译《庄子》时面临的巨大挑战。尽管如此，对中国语言文字的熟练、对中国古典哲学与文学的精通，使得华兹生译作能忠实再现原作的思想和原作的行文风格，译本在尽可能多地保留了原作中的词语和意象同时，实现了行文流畅、通俗易懂。兼顾了《庄子》哲学思想的传播和文学美感的传译，如《庄子》原文一样，华兹生的翻译也堪称集思想性和文学性于一体。因此，该译本自出版后获评极高、频繁被引，并被收入"联合国教科文组织各国代表作品集"中的"中国系列丛书"（UNESCO Collection of Representative Works，Chinese Series）。该译本已成为英语世界学者研究《庄子》的基础读本。

五、葛瑞汉译本——篇目排列独具一格的《庄子》

葛瑞汉，英国著名哲学家、汉学家和翻译家，1919 年 7 月出生于英国威尔士的珀纳思（Penarth），1946 年进入伦敦大学的东方及非洲研究院学习汉语，毕业后留校任教，担任古汉语讲师，1953 年获哲学博士学位，1971 年获教授职位直至退休，1981 年当选英国（文史哲）研究院院士。葛瑞汉一生对中国典籍的英译与研究颇丰，如《墨子》《庄子》

《列子》《鹖冠子》《孟子》等。1981 年，葛瑞汉出版了他的《庄子》选译本——《〈庄子〉内七篇及其他》，该选译本翻译了原著近五分之四的内容，在众多选译本当中涵盖内容最多。

葛瑞汉在其学术生涯中，不仅对中国哲学进行了开创性的研究，而且还出版了许多中国典籍的精品译作，如《〈列子〉：道的经典》（The Book of Lieh-tzu：A Classic of the Tao，1960）、《后期墨家逻辑、伦理与科学》（Later Mohist Logic，Ethics and Science，1978）等。葛瑞汉的《庄子》译本也同时是他的《庄子》研究成果的体现。不同于常规的翻译，葛瑞汉首先对《庄子》进行了考证辩伪，删除了原文近五分之一的内容，按照自己的研究成果，把剩下五分之四的内容进行重新组合排序，在此基础上着手翻译。葛瑞汉对《庄子》重组的基本原则是《庄子》各篇的作者。依据葛瑞汉的观点，内篇为庄子所写，其他篇章都是由其他学派的作者所写，这些学派有庄子学派（the school of Zhuang-tzu）、原始主义学派（primitivist）、杨朱学派（the Yangist）、调和论学派（syncretist）等。因此，葛瑞汉译本最终呈现的内容分为六大部分：(1) 前言，对道家的起源、庄子其人其书、庄子思想主旨、《庄子》的语言特点、文学成就等的总体评价；(2)《庄子》内篇及与内篇相关段落；(3) 庄子学派的作品；(4) 原始主义者的作品；(5) 杨朱主义者的作品；(6) 折中主义者的作品。通观全书，葛瑞汉的研究前言、题旨评论、增删说明、文内注释等个人研究成果约占了译本三分之一的篇幅。这种将翻译与研究结合在一起的创造性翻译方法、以现代学术标准规范古典文献的研究方法，都为《庄子》研究开拓了更加广阔的空间，葛瑞汉治学严谨、言必有据的作风也为自己赢得了 20 世纪驰名汉学家的美誉。

六、梅维恒译本——注重原作文学成就的《庄子》

梅维恒，美国汉学家，1943 年出生于美国中西部的俄亥俄州，早年毕业于达特茅斯学院，后进入华盛顿大学、英国伦敦学院亚非学院学习梵文等，1976 年获得哈佛大学东亚语言及文明系的博士学位，随后在该系担任助理教授的职位，从 1979 年起执教于宾夕法尼亚大学东方研究系（后改称为亚洲及中东研究系），主要讲授佛教通俗文学和中印文化交流史。

1994 年，梅维恒翻译的《逍遥于道：庄子的早期道家寓言故事》，也是《庄子》的第七个英语全译本出版，1998 年再版。该译本的出版商在封面介绍中颇有信心地说，梅维恒的《庄子》全译本，加之其"导论"中对庄子在中国古代思想史上地位的评述，将逐渐成为《庄子》在当代的权威版本。

梅维恒翻译《庄子》所依据的底本是陈鼓应的《庄子今注今译》，同时参考了哈佛燕京学社编辑的《庄子引得》。他坦言翻译《庄子》是源于他个人对《庄子》的喜爱，希望有更多的西方读者能认识庄子和《庄子》。从构成上来看，梅维恒译本包括译者前言、译本介绍、注释、翻译正文、术语汇编、参考书目及书中省略未译的一小部分内容。该译本的特色主要体现在以下几方面：其一，详尽的术语汇编，术语汇编由人名、地名、典故三个部分组成，以方便读者理解原文相关背景知识；其二，题旨介绍，译本在每篇开头都简要介绍该篇的主旨，并将每篇分成几小节以便读者更好地把握该篇的思想脉络；其三，对《庄子》文学价值的高度推崇和译介，也是梅译本最突出的特色。这在译本介绍中就有非常突出的体现，译本介绍分七各方面介绍庄子其人其书，其中第

一、三、五部分的标题分别是：《庄子》是名副其实的文学杰作、庄子的文风远胜《道德经》、《庄子》文学价值远胜其哲学价值。① 而译本介绍第七部分"倡导多视角的庄子研究"，还是基于对以往研究中重哲学、轻文学的纠偏。由此可以推断，《庄子》的文学魅力是吸引梅维恒百读不厌的主要原因，他也由此产生了翻译《庄子》，与人分享这一文学珍宝的翻译动力。为了传译原作的文学风貌，译本采取了非常文学化的翻译方法，如把原作中的韵文、诗体部分全部采用英语的诗体来翻译，以《养生主》开篇的"吾生也有涯，而知也无涯。以有涯随无涯，殆矣"译文为例：

> Our lives are limited,
>
> But knowledge is limitless,
>
> To pursue the limitless
>
> With the limited
>
> Is dangerous.

这种以诗体译韵文的方法，把原作诗意风格明确地表现出来。此外，在双关人名、各类修辞、典故等的翻译中，梅维恒译本都注意兼顾读者兴趣和原文特色的保留。他对《庄子》文学性的重视，标志着西方学者对《庄子》研究视域的不断扩大和深入，文学取向的《庄子》翻译得到确立。

---

① 另外四个部分标题分别是：二、《老子》和《庄子》是圣贤的集体创作；四、《庄子》并非庄周一人所作；六、庄子是一个相对主义者；七、倡导多视角的庄子研究。

七、汪榕培译本——以可读性为中心取向的《庄子》

汪榕培，中国著名的英语教育家，曾获政府特殊津贴、陈香梅教育奖励基金一等奖等奖项。在学术研究上，特别是在中国典籍英译与中西方文化比较等方面，硕果累累，先后出版的《英译老子》《英译易经》《英译诗经》《英译庄子》等诸多著作以及发表的相关研究论文，对国内典籍翻译与研究影响甚大。

汪榕培翻译的《庄子》于 1999 年由湖南人民出版社出版，主要以郭庆藩的《庄子集释》为底本进行校点和今译。该译本被收入《大中华文库》，分两册出版，第一册涵盖内篇及外篇的第 8 至 17 篇，第二册包括外篇的后 5 篇及杂篇 11 篇。在译本的前言部分指出，虽然《庄子》英译已有百余年历史，《庄子》也引起西方学术界的关注，但由于东西方文化之间的差异以及部分译作的失真，《庄子》译本在读者中产生了不少误解和争议。因此，中国译者"有义务把庄子其人和《庄子》其书的真实面貌介绍给西方，让庄子真正从东方走向西方，使中华优秀传统文化的这颗璀璨明星在世界上发出更加绚丽的光彩"①。译者还以简练的文字分别介绍了"庄子其人""《庄子》其书"及"《庄子》的英译本"。在第一部分"庄子其人"中，译者评价庄子是甘居淡泊的学者、思想深邃的哲人、才气横溢的文豪。在第二部分"《庄子》其书"中，译者就《庄子》的版本及《庄子》的各章要旨进行了简要介绍。在最后一部分"《庄子》的英译本"中，译者对几个重要的全译本和摘译本进行了梳理。译本从"以道为本""万物齐一""自然无为"及

---

① 汪榕培译. 庄子（*Zhuangzi*）[M]. 长沙：湖南人民出版社，1999：17.

"逍遥而游"四个方面对庄子思想体系进行概括，并认为庄子的文学成就主要体现在四个方面：浪漫主义的手法、现实主义的描写、千姿百态的寓言和汪洋肆意的语言。最后，汪榕培重申了重译《庄子》的三条理由：第一是因为此前的《庄子》英语全译本都是英美人翻译的，在理解汉语原文方面存在不少问题；第二是国内译者能即时阅读到《庄子》研究最新的第一手资料，可以向国外读者准确地介绍《庄子》思想的真谛；第三则是因为译者本人对中国文化和比较文化的喜爱。该全译本的译文正文分为三个部分，左页分为"原文"和"今译"上下两部分，右页是与之对应的"英译文"，版面设计方便了不同读者的阅读或学习需求。译本的最后为"译名对照表"，收录了人名、地名、书名等专有名词，按照现代汉语拼音字母的先后顺序排列，所有名词出现的章节均在名词后面的括号里注明。

该译本在前言中还对《庄子》英译所遵循的翻译原则进行了说明，主张用流畅的当代英语来表达原著的精神实质，并再现其艺术风采。如果英语读者能够接受译文而不引起误解，就采用"直译"的方法，即用与原文的对应词语或对应结构来翻译；在辞不达意或可能引起误解的情况下，则采用灵活变通的处理方式，即便是同一概念术语，在不同语境里，译者可能采用不同的表达方式来翻译（例如"无为"在不同的行文中分别译成"non-action"" do not take any action"" do nothing"等不同的表达）；此外，还会有解释性翻译，以替代注释说明，在更好地表达原文内涵的同时也方便阅读。①汪译《庄子》以可读性为中心取向，文字表达亦清新易懂，这种翻译策略对有效推动文化典籍的外传具有特

---

① 汪榕培译. 庄子（*Zhuangzi*）［M］. 长沙：湖南人民出版社，1999：41.

定的历史价值。

第三节 《庄子》文学特色的跨语际表达

《庄子》引起西方学者的关注,首先是其哲学思想,而不是其文学创作。大多数译者也是将其作为哲学著作而加以译介的。但《庄子》的文学性是翻译中无可回避的存在,如翟理斯就认为《庄子》是"留给后代一部杰出的文学瑰宝,(在中国文学史上)一直占有最重要的地位"①。林语堂亦在他翻译的《庄子》选译本中高度评价《庄子》在中国文学史中的重要地位,认为庄子的文学天赋举世无双,无人能及,宣称《庄子》在丰富中国诗歌与文学想象方面的作用是不可估量的。②因此,《庄子》的文学性在翻译中得到了怎样的表达,就会影响到读者对《庄子》的认知。本章以《庄子》代表性译本为基础,对比分析《庄子》寓言翻译、《庄子》修辞格、《庄子》文言虚词的翻译,以考察《庄子》文学特色在异域文化里的表现形式。本部分研究部分借助于自建的小型汉英平行语料库进行。③

一、《庄子》寓言的翻译

关于《庄子》的创作方法,庄子在《天下》篇中自称是"以卮言

---

① Herbert A. Giles. trans. *ChuangTzu*: *Taoist Philosopher and Chinese Mystic* [M]. London: GeorgeAllen & Unwin, 1926: ix.
② Lin Yutang. Chuangtse, Mystic and Humorist: Lin Yutang's Introduction [EB/OL]. Terebess Asia Online (TAO). 2016 – 8 – 11.
③ 相关材料见附录 1 – 5.

为曼衍，以重言为真，以寓言为广"。在《寓言》篇中也提到："寓言十九，重言十七，卮言日出，和以天倪。"由此可见，在《庄子》一书中，寓言、重言、卮言运用之广。根据国内研究较为普遍的观点，寓言是一种拟人手法，借假托的故事或自然物来说明某个道理，常常带有劝诫和教育的性质。重言为世人所尊重者的言语，是庄子借助古人、老人、名人虚拟的语言，来阐述自己的观点，以增强文章的可信度。卮言是指自然随意之言，这种言语层出无穷，散漫流衍地把道理传播开来，并永远流传下去。这"三言"基本上概括了庄子作品的文学语言运用，它们有时融合在一起，难以分清。大量的寓言、重言以及随处可见的卮言，分三而所指一，共同把道当作阐述的终极目的，寓言在于"体道"，重言在于"论道"，卮言已是"入道"。达意的同时，形成了庄子文章在语言上汪洋捭阖、仪态万方的特色。而在"三言"之中，寓言是最主要的表现方式，全书寓言近 200 则，许多篇章都是由寓言构成其主干，而这些寓言充满了超乎寻常的想象力，创造了一个又一个奇特的形象世界。因此，下文将基于语料库对几个主要英译本的寓言翻译进行比较，并将译文与原文进行对应比较，以期归纳其采取的翻译策略和翻译方法，探寻译文的翻译共性。

选择的寓言分别是"庄周梦蝶""鹏程万里""朝三暮四""浑沌之死"。"庄周梦蝶"是庄子诗化哲学的代表之作，研究者众多，本章提供了该寓言十种英译文进行比对，以期从更多视角认识"庄周梦蝶"这一著名故事的海外传播；其余寓言均提供了四种版本，"鹏程万里""朝三暮四"的译文分别出自具有代表性价值的理雅各译本、林语堂译本、华兹生译本和汪榕培译本，由于林语堂译本没有《应帝王》一章，"浑沌之死"译文以同样注重《庄子》文学性的莫顿译本代之。

（一）庄周梦蝶

昔者庄周梦为蝴蝶，栩栩然蝴蝶也，自喻适志与！不知周也。// 俄然觉，则蘧蘧然周也。// 不知周之梦为蝴蝶与，蝴蝶之梦为周与？// 周与蝴蝶，则必有分矣。此之谓物化。（《齐物论》）

用以比较的十个版本译文分别是：（1）翟理斯译文；（2）理雅各译文；（3）魏鲁男译文；（4）华兹生译文；（5）梅维桓译文；（6）葛瑞汉译文；（7）冯家福译文；（8）冯友兰译文；（9）陈荣捷译文；（10）汪榕培译文。①为对上述十个译文的行文样态进行比对分析，笔者自建了小型汉英平行语料库，中文原文和十个版本的译文一起录入并进行相应文档处理后，运用 Text PreProcessing Microsoft 对文档进行预处理：文本断句、句子编号、统计句长等。为更好地体现译文对英汉语言结构性差异的弥补，以及对文化特色性词汇的表达，选择以下几个比较项：

表 3-1　"庄周梦蝶"专名等英译对比

译本	句数	专名"庄周""周"	叙述者	特色词"物化"
翟理斯	5	Chuang Tsu	第一人称 I	Metempsychosis
理雅各	6	Chuang Chou [Kwang Kau], Chou	第一人称 I	Transformation of Things
魏鲁男	6	Chuang Chou	第一人称 I	transformation
华兹生	6	Chuang Chou	第三人称 He	Transformation of Things
梅维桓	6	Chuang Chou, Chou	第三人称 He	transformation of things

---

① "庄周梦蝶" 10 种英译文见附录 1.

续表

译本	句数	专名"庄周""周"	叙述者	特色词"物化"
葛瑞汉	4	Chuang Chou, Chou	第三人称 He	transformation of things
冯家福	5	Chuang Tsu	第一人称 I	transformation
冯友兰	6	Chuang Chou	第三人称 He	transformation of things
陈荣捷	6	Chuang Chou, Chou	第一人称 I	transformation of things
汪榕培	6	Zhuang Zhou	第一人称 I	transformation of things

　　根据语料库文本断句及句子编号，寓言"庄周梦蝶"原文共6句，十种译文中翟理斯译文为5句（省略一句未译），冯家福、英格里斯译文为5句（二对一），葛瑞汉译文为4句（二对一），其余七个译文均为6句，其中，魏鲁男译文与原文句子存在一对一、一对二和二对一的对应关系，剩余六个译文均与原文各句一一对应。也就是说，在这十种译文中，全部为一对一汉英句对类型的译文最多，占译文总数的60%，表明大多数译者在翻译简短的寓言时主要是以句子为翻译单位的，而少数译者则还采取了减译、分译和合译这几种翻译技巧。

　　在"庄周梦蝶"这篇寓言中，专名"庄周"第一次出现后，后面又以简称"周"的形式出现了五次。十种译本的翻译均采取了音译的方法，翻译为 Chuang Tsu, Chuang Chou［Kwang Kau］，或 Zhuang Zhou，其中威妥玛式拼音 Chuang Chou 频率最高，达七种之多，现代汉语拼音 Zhuang Zhou 频率最低，只有一种（汪榕培译文）。"庄周"译名的变化是汉语拼音体系发展流变的一个具体而微的体现。此外，翟理斯译文，除第一次用了"Chuang Tsu"外，后面均已人称代词替代了"周"；魏鲁男、华兹生、冯友兰、汪榕培的译本里，在出现简称"周"的地方均用了全称的"庄周"，与原文相比，似乎拉远了读者与故事叙述者的距离。

由于英语语言篇章连贯上的需求，人名在第一次出现后往往会用人称代词替代，从中可以看到不同译者对"庄周梦蝶"这个故事叙述者的理解。上述十个译文里，六个译文把"庄周"看成是第一人称叙述者"I"，另外四个译文从第三人称"he"角度讲述庄周梦蝶的故事。把各译本"庄周"和"周"的翻译与叙述者联系起来，还可发现一些有趣的现象。在翟理斯译文和冯家福译文里，故事的叙述着是"我"，又把"庄周"译为"Chuang Tsu"（庄子），形成了"I, Chuang Tsu"的表达，回译过来是"我，庄子"，而在中国文化语境里，"庄子"是后人对庄周的尊称，庄子自称"庄子"，属于文化误读，却也颇契合了庄子藐视流俗、特立独行的个性。

"物化"是《庄子》的一个重要哲学观念，陈鼓应先生对"物化"的注解是"物我界限消解，万物融化为一"①。翟理斯的翻译 Metempsychosis，原意为"灵魂的轮回或转生"。这是一个西方哲学的概念，柏拉图在《理想国》中就有关于这种轮回思想的描绘，翟理斯此译可以让西方读者对《庄子》文本产生认同心理。理雅各及其后的八位译者都用了"transformation"一词，"物化"或是"物之间的变化"，或是"物的变化"，主旨基本相同。

除以上几个比较项外，十个译本从语篇整体上也各显特色，例如，翟理斯的翻译较为自由，"栩栩然蝴蝶也"，译为"to all intents and purposes a butterfly"；理雅各的翻译追求忠实原文，甚至到了逐字译的地步，如把"昔者"译作"formerly"；华兹生的译文通俗易懂，活泼灵

---

① 陈鼓应. 庄子今注今译［M］. 北京：中华书局，1983：92.

动，如"happy with himself and doing as he pleased"（自喻适志与）；葛瑞汉的翻译与研究同步，译文里多了译者的理解，"昔者"变成了"last night"，陈述性的"自喻适志与"变成了带有疑问的"is it that in showing what he was he suited his own fancy?"。凡此种种，不同的译文，体现出译者对"庄周梦蝶"多角度的解读与传译。

（二）鹏程万里

有鸟焉，其名为鹏，背若泰山，翼若垂天之云，// 抟扶摇羊角而上者九万里，绝云气，负青天，然后图南，且适南冥也。// 斥鷃笑之曰："彼且奚适也？我腾跃而上，过数仞而下，翱翔蓬蒿之间，此亦飞之至也，而彼且奚适也？"（《逍遥游》）

1. 理雅各译文

There is (also) a bird named the Peng; its back is like the Tai mountain, while its wings are like clouds all round the sky. // On a whirlwind it mounts upwards as on the whorls of a goat's horn for 90, 000 li, till, far removed from the cloudy vapours, it bears on its back the blue sky, and then it shapes its course for the South, and proceeds to the ocean there." // A quail by the side of a marsh laughed at it, and said, "Where is it going to? I spring up with a bound, and come down again when I have reached but a few fathoms, and then fly about among the brushwood and bushes; and this is the perfection of flying. Where is that creature going to?"

2. 林语堂译文

There is also a bird, called the p'eng, with a back like Mount T'ai, and wings like clouds across the sky. // It soars up upon a whirlwind to a height of ninety thousand li, far above the region of the clouds, with only the clear sky above it. And then it directs its flight towards the Southern Ocean. " //

And a lake sparrow laughed, and said: "Pray, what may that creature be going to do? I rise but a few yards in the air and settle down again, after flying around among the reeds. That is as much as anyone would want to fly. Now, wherever can this creature be going to?"

3. 华兹生译文

There is also a bird there, named P'eng, with a back like Mount T'ai and wings like clouds filling the sky. // He beats the whirlwind, leaps into the air, and rises up ninety thousand li, cutting through the clouds and mist, shouldering the blue sky, and then he turns his eyes south and prepares to journey to the southern darkness. //

The little quail laughs at him, saying, "Where does he think he's going? I give a great leap and fly up, but I never get more than ten or twelve yards before I come down fluttering among the weeds and brambles. And that's the best kind of flying anyway! Where does he think he's going?"

4. 汪榕培译文

There also lives a kind of bird by the name of *peng*, whose back is like a lofty mountain and whose wings are like clouds that hang from the sky. // Soaring like a whirlwind to a height of 90, 000 *li*, the *peng* flies above the heavy clouds and against the blue sky on its southward journey toward the South Sea. // A quail in the marsh laughed at the *peng*, saying, "Where does he think he's going? I hop and skip and fly up, but I never fly up more than a dozen metres before I come down and hover above the reeds. That's the highest

I ever fly! And where does he think he's going?"

"鹏程万里"寓言集中了几个中国文化里的特有词汇，或文化特色词。文化特色词的翻译能较为典型地表现出不同文化间是如何理解与互通的；此外，动词不仅是语法研究的核心，也是文本文学赏析的重要切入点。《庄子》行文灵动跳跃，汪洋恣肆，与动词的选择使用有很大关系。下面从"鹏程万里"寓言原文析出文化特色词和动作动词，对上述四个译本进行比较：

表3-2 "鹏程万里"文化特色词等英译对比

对比项 \ 译本		理雅各	林语堂	华兹生	汪榕培
文化特色词	鹏	Peng	p'eng	P'eng	*peng*
	九万里	li	li	li	*li*
	青天	blue sky	clear sky	blue sky	blue sky
	仞	fathoms	yards	yards	metres
动作动词	抟	mount	soar up	beat	soar
	绝	Far removed from	far above	cut through	fly above
	负	bear on its back	(with only the clear sky) above	shoulder	against
	腾跃	spring up with a bound	rise	give a great leap	hop and skip
	翱翔	fly about	fly around	flutter among	hover above

"鹏"是汉族神话传说中最大的一种鸟，由鲲变化而成，"里"是汉语中特有的表达长度单位的量词，四位译者在翻译这两个文化特色词时，均采用了音译的方法，将它们带入英语文本中。对另一个汉语量词"仞"，四位译者均用了英语里的表度量单位，用词不一。这也可以理

解，根据《说文解字·人部》："仞，伸臂一寻。""仞"到底有多长，古书上也是说法不一。"青天"涉及颜色词的翻译，英汉民族对颜色的划分并非完全对应，汉语中的"青"字可表示蓝、绿、黑三种颜色，在英语中并无某个特定词汇与之对应。因此，根据不同的搭配，"青"在英语中会有不同的对应单词。如：青天 – the blue sky，青山 – green hills，青衣 – black clothes 等。《逍遥游》中的"青天"，被译为 blue sky 或 clear sky。

动作动词表现的是人或事物移动变化类的非均质特征，"鹏程万里"寓言虽然短小，但庄子用了一系列动作动词，故事也由此而变得生动形象。"抟"的意义为回旋而上，庄子在"抟"后面又加上了"扶摇羊角"，"扶摇"是一种由地面急剧盘旋而上的暴风，而暴风的形状像回旋的羊角。为了刻画大鹏凭借旋风盘旋而上的气势，庄子可谓既不惜笔墨，又用词精当有力。从这一视角分析译文，理雅各的翻译更为全面细致，其他三个译本均省略了"羊角"这个隐喻，华兹生译文 "beats the whirlwind" 与"抟"的意义有所偏离。"绝云气"中"绝"也是一个非常有特色的动词，大鹏超越云层的画面跃然纸上。理雅各、林语堂译文用形容词短语来表达，失去了原文动词的力度，华兹生的 "cut through" 更能达到原文的表达效果。同样，对"负青天"中"负"字的翻译，华兹生的译词 "shoulder" 比较好地传递了原文表达的力量感。至于"腾跃"一词的翻译，四个译本均使用了动词，从原文出发，考虑到这是"斥鷃"，也即小泽里的麻雀之"腾跃"，汪榕培所译 "hop and skip" 更贴切生动。"翱翔"本意为鸟的回旋飞翔，上下振翅为翱，展翅不动为翔。理雅各译文和林语堂译文所用的 "fly about（around）"（飞翔）是一个概括性的词，失去了原文用词的细腻性。同样，鉴于这是"斥鷃"的自我描述，华兹生用"flutter"一词，较好的把小麻雀在蓬蒿丛中振翼、拍翅，飞来飞去的形象表现出来。

（三）朝三暮四

劳神明为一，而不知其同也，谓之朝三。// 何谓朝三？狙公赋芋曰："朝三而暮四"。众狙皆怒。曰："然则朝四而暮三"。众狙皆悦。名实未亏而喜怒为用，亦因是也。// 是以圣人和之以是非，而休乎天钧，是之谓两行。（《齐物论》）

该寓言的核心句"朝三而暮四"的四种译文分别如下：①

理雅各：…"In the morning I will give you three（measures）and in the evening four."

林语堂：…with regard to their rations of nuts that each monkey was to have three in the morning and four at night.

华兹生：…"You get three in the morning and four at night."

汪榕培：… that he would give them three bushels of acorns in the morning and four bushels of acornsin the evening.

原文中"朝三而暮四"为直接引语，而四种译文中，理雅各译文和华兹生译文保留了直接引语的形式，林语堂译文和汪榕培译文则采用了间接引语的形式。另外，译者陈述的视角也不相同，汉语无主句是常见句式，读者可根据上下文获得对意义的理解；而英语除祈使句外，其他句子必须有一个明确的主语。在英汉语言的转换中，理雅各译文和汪榕培译文采用的是"sb. will / would give sb. else sth."的句式，其叙事视角是养猴人；林语堂译文和华兹生译文则采用的是"sb. is / was to have

---

① "朝三暮四"4 种英译文见附录 2.

sth."和"sb. get / gets sth."的句式，叙事视角是猴子。语言结构本身的差异也是译文多样性的根源之一。

　　根据陈鼓应《庄子今注今释》，"亦因是也"意为"顺着猴子的主观心理作用"①，汪榕培译文"because the keeper followed the natural bent of the monkeys"最为清晰地表达了该意，华兹生译文"Let them, if they want to"则只译出了"任其自然"，而没有表达出原文想要说的"顺势而为"，有导致误解的可能。"天均"是《庄子》里一个重要概念，陈鼓应认为它指"自然均衡的道理"②，林语堂的"Balance of Heaven"、华兹生的"Heaven the Equalizer"以专名形式表达"天均"，是符合其在原文中的专名地位的。理雅各译文"the equal fashioning of Heaven"也突出了"天"的存在，汪榕培的意译"a peaceful and harmonious life"，虽方便西方读者理解，但"天均"概念本身在译文中已不复存在。"两行"为"两端都可行，即两端都能观照到"，华兹生"walking two roads"和林语堂译文"（following）two courses（at once）"表意模糊，会造成困惑。理雅各译文和汪榕培译文较好地传达了原文意义，而且汪译引用了英语成语"live and let live"，用词简洁，表意精准，颇有《庄子》之行文风采。

　　（四）浑沌之死

　　　　南海之帝为儵，北海之帝为忽，中央之帝为浑沌。// 儵与忽时相与遇于浑沌之地，浑沌待之甚善。// 儵与忽谋报浑沌之德，曰："人皆有七窍以视听食息，此独无有，尝试凿之。"// 日凿一窍，七日而浑沌死。（《应帝王》）

---

① 陈鼓应. 庄子今注今译：上 [M]. 北京：商务印书馆，2007：81.
② 陈鼓应. 庄子今注今译：上 [M]. 北京：商务印书馆，2007：81.

　　"浑沌之死"是《庄子》内篇的收尾之作，不同于其他寓言故事，该故事主人公是抽象的生命"儵""忽"和"浑沌"。"儵""忽"以神速为名，象征着"有为"；"浑沌"以和合为貌，象征着淳朴自然，"南海"为阳，"北海"为阴，意味着"有分"，中央为阴阳之合，一阴一阳之谓道。"浑沌之死"象征着人为对自然之道的破坏。由于林语堂译本没有《应帝王》这一章的翻译，本部分选取了莫顿译本里的"浑沌之死"的内容，和理雅各、华兹生、汪榕培翻译一起进行比较。① 值得关注的是四译本对三"帝"之名的翻译：

表 3 – 3　"浑沌之死"专名英译对比

"三帝" 翻译 译本	儵	忽	浑沌
理雅各	Shu	Hu	Chaos
华兹生	Shu［Brief］	Hu［Sudden］	Hun-tun［Chaos］
汪榕培	Helter	Skelter	Chaos
莫 顿	Act-on-Your Hunch	Act-in-a- Flash	No-Form

　　理雅各的译文把"儵"与"忽"看作纯粹的专名，只用了音译；华兹生用了音译加注释的方式，让读者明白二帝名字的含义；汪榕培译文则以归化手法，把英文里的 helter skelter（慌张，忙乱）拆开，作"儵"与"忽"的译名，莫顿完全用了意译方法。译名的不同体现了译者对原文作者命名用意的认知与理解。从文学审美角度看，汪榕培译本和莫顿译本在达意同时，也兼顾了语言的音美和形美。而对"浑沌"

---

① "浑沌之死" 4 种英译文见附录 3.

的翻译，更体现了译者在面对东西方文化差异时所采取的翻译态度。理雅各、汪榕培用了"Chaos"一词，华兹生以音译"Hun-tun"，加注为"Chaos"。"浑沌"与"Chaos"能否等同？"Chaos"在古希腊神话中就已经出现，而在《圣经》中，"Chaos"是指上帝创世之初时空的无序状态，"Chaos"在上帝的创造中变得有序。因此，在西方文化里，"Chaos"涵载的是负面的混乱形象。"浑沌"在中国文化里是一个褒义色彩浓厚的概念，《道德经》第 25 章已有"浑沌"原型："有物混成，先天地生。寂兮寥兮，独立而不改，周行而不殆，可以为天下母。"浑沌是未开天辟地前的一团模糊，是万物之本，是《庄子》理想的"道"的状态。因此，"Chaos"与"浑沌"，在语体色彩上是相反的。理雅各在翻译《庄子》时，从西方观念出发，对"浑沌"是作负面理解的，"但浑沌确实应让位于另一种状态，倏与忽没有做出不好的事情"①。这样的理解显然与《庄子》原意相悖。上述四个译本中，莫顿的译名"No-Form"避免了"Chaos"引起的误解，也能帮助读者理解"浑沌"的"无形"，只是其缺乏动态感，读者难以从中体会"浑沌"的恍惚与混茫。

二、《庄子》修辞格翻译——以《逍遥游》为例

《庄子》作为中国文学史上的一朵奇葩，语言的运用达到炉火纯青之境。书中不仅充满了像"庄子梦蝶"那样的具有奇特想象力的寓言故事，还在于修辞方式的大量运用。写意则意象浑厚，绘景则瑰奇非凡，状物则活灵活现，画人则形神毕出。《庄子》一书中出现的修辞手

---

① James Legge. *The Sacred Books of China：The Texts of Taoism* ［M］. London：Oxford University Press，1891：315.

法有数十种之多，如叠字、对偶、排比、顶真、反复、错综、层递等。这些修辞格有时独立使用，有时同时出现，均具有浑然天成之美。虽然中英语言中都有修辞手段的运用，但毕竟存在某些差异，不能做到每种修辞格都一一对应，这就使得修辞格的处理成为翻译中的一道难题，而各个译者出于不同的考虑，对修辞格所采取的翻译策略也不尽相同，有的尽力体现原文的修辞效果，有的放弃文学表现转求哲学意义的传递，还有的尽量追求两者兼顾。

就单篇而言，《庄子》的首篇《逍遥游》无论是在思想内容还是在艺术形式上都可视作《庄子》一书的代表作，该篇的主题是对绝对自由的人生境界的追求。庄子认为，只有忘却物我的界限，达到无己、无功、无名的境界，无所依凭而游于无穷，才是真正的"逍遥游"。仔细阅读文本可以发现，全篇几乎由寓言故事组成，运用了夸张、比喻、叠字、对偶、比拟、引用等多种修辞手段，构思巧妙，想象丰富，文笔豪放，字里行间充满了浪漫主义情怀。本节以《逍遥游》为例，通过三种译本（理雅各译本、林语堂译本和华兹生译本）比较，分析几种高频修辞格翻译的异同及其文学传译效果。

（一）叠字

叠字是指将两个形、音、义完全相同的两个字连在一起使用的修辞手段，《庄子》书中叠字出现的频率极高，据统计，书中共有叠字 126 处，主要形式有：AA、AAX、AABB，如"闲闲、间间、炎炎、詹詹""嚣嚣也、欣欣焉""昏昏默默、混浑沌沌"等，绝大多数篇目中都有使用，最多者当属《齐物论》，达 14 处。《逍遥游》中也有 5 处叠字（不含重复使用），它们是"苍苍、世世、数数然、弊弊焉、分分然"。如：

例 1：天之苍苍，其正色邪？……

该句句意为：天色苍苍，是它的本色吗？……

理雅各：Is its azure the proper colour of the sky? …

林语堂：It wondered whether the blue of the sky was its real color, …

华兹生：— the sky looks very blue. Is that its real color, …

例 2：彼其于世，未数数然也。……彼于致福者，未数数然也。

该句句意为：他对于世俗，并没有急迫地追求什么。…… 他对于如何招致幸福，并未孜孜以求。

理雅各：His place in the world indeed had become indifferent to him, … In regard to the things that (are supposed to) contribute to happiness, he was free from all endeavours to obtain them;

林语堂：Such men are rare in their generation. …Among mortals who attain happiness, such a man is rare.

华兹生：As far as the world went, he didn't fret and worry, …As far as the search for good fortune went, he didn't fret and worry.

正如上述两例所示，叠字是汉语独有的一种修辞手段，英语中没有与之对应的修辞格。因此，在汉英翻译中译者只能翻译出汉语叠字的意义而不能保留叠字（词）的形式。如例 1 中的"苍苍"，其基本含义有"灰白色的"或"无边无际、空阔辽远的"等意思，这里用来指"蔚蓝色的（天空）"，所以，三位译者均用了其对应的颜色词 azure 或 blue 来翻译其意思，而没有沿用原文的叠词形式。例 2 亦是如此，叠字"数数"同"汲汲"，用来形容急切的样子，表示急于得到的意思。原文中"未数数然也"是否定的说法，华兹生译文保留了这种否定的说法，理雅各译文和林语堂译文采取的是反说正译的方法。

（二）对偶

对偶指的是两个字数相等、结构相似的语句表现相关或相反的意思。在《庄子》一书中用得最多的修辞手段就是"对偶"，共有 659 处之多。最为大家熟悉的是"天地与我并生，而万物与我为一"。从此句中"而"的使用，我们可以看出《庄子》中有的对偶为宽对而非严对。此外，《庄子》中的对偶还常与其他修辞格如排比、顶真等连用，甚至是对偶与对偶连用。在《逍遥游》中对偶也是使用得最多的修辞格，如："小知不及大知，小年不及大年。""朝菌不知晦朔，蟪蛄不知春秋""日月出矣，而爝火不息；其于光也，不亦难乎！时雨降矣，而犹浸灌，其于泽也，不亦劳乎！""瞽者无以与乎文章之观，聋者无以与乎钟鼓之声""其大本拥肿而不中绳墨，其小枝卷曲而不中规矩"等。下面仅以两例加以分析译者是如何处理对偶的。

例 1：小知不及大知，小年不及大年。

该句句意为：小智不能了解大智，寿命短的不能了解寿命长的。三种翻译分别为：

理雅各：The knowledge of that which is small does not reach to that which is great; (the experience of) a few years does not reach to that of many.

林语堂：Small knowledge has not the compass of great knowledge any more than a short year has the length of a long year.

华兹生：Little understanding cannot come up to great understanding; the shortlived cannot come up to the long-lived.

例 2：瞽者无以与乎文章之观，聋者无以与乎钟鼓之声。

该句句意为：盲人无法和他共赏文采的美丽，聋人无法和他共赏钟鼓的声音。

理雅各：The blind have no perception of the beauty of elegant figures, nor the deaf of the sound of bells and drums.

林语堂：You don't ask a blind man's opinion of beautiful designs, nor do you invite a deaf man to a concert.

华兹生：We can't expect a blind man to appreciate beautiful patterns or a deaf man to listen to bells and drums.

虽然英语中也有对偶这种修辞手段，但相对于汉语对偶句要求严格的对仗工整，英语对偶在用词、用韵等方面上的要求比较自由，主要是指同一句中的两个部分或两个分句、两个短语在语法结构上相同，在词语上或内容观点上相反或相对。从上述两个例子可以看出，虽然《庄子》中严对与宽对并存，但显然例1和例2属于严对。反观三种译文，尽管译者试图保存原文的对偶形式，但由于英语单词长度的不等、英语形合的句法特点以及省略、倒装等手段的使用，使得英译文无法做到像原文那样工整对应，只能说在语法结构上基本一致。

（三）夸张

夸张是指对事物的形象、特征、作用、程度等方面有意夸大或缩小的一种修辞方式。《庄子》中充满了奇特大胆、精彩绝伦的夸张手法，如首篇《逍遥游》中对大鹏的描写："鹏之背，不知其几千里也；怒而飞，其翼若垂天之云"① "鹏之徙于南冥也，水击三千里，抟扶摇而上者九万里"② 等，创造出宏伟壮阔、神奇高妙的浪漫境界。将上面几个夸张表达提取出来，看它们在英语里是如何得以体现的：

---

① 原文：北冥有鱼，其名曰鲲。鲲之大，不知其几千里也；化而为鸟，其名为鹏。鹏之背，不知其几千里也；怒而飞，其翼若垂天之云。

理雅各：In the Northern Ocean there is a fish, the name of which is Kun , — I do not know how many li〔1 li = ca. 500 m〕in size. It changes into a bird with the name of Peng, the back of which is (also) — I do not know how many li in extent. When this bird rouses itself and flies, its wings are like clouds all round the sky.

林语堂：In the northern ocean there is a fish, called the k'un, I do not know how many thousand li in size. This k'un changes into a bird, called the p'eng. Its back is I do not know how many thousand li in breadth. When it is moved, it flies, its wings obscuring the sky like clouds.

华兹生：In the northerndarkness there is a fish and his name is K'un. The K'un is so huge I don't know how many thousand li he measures. He changes and becomes a bird whose name is P'eng. The back of the P'eng measures I don't know how many thousand li across and, when he rises up and flies off, his wings are like clouds all over the sky.

② 原文：《齐谐》者，志怪者也。《谐》之言曰："鹏之徙于南冥也，水击三千里，抟扶摇而上者九万里，去以六月息者也。"

理雅各：There is the (book called) The Universal Harmony — a record of marvels. We have in it these words："When the Peng journeys to the Southern Ocean it flaps (its wings) on the water for 3000 li. Then it ascends on a whirlwind 90, 000 li, and it rests only at the end of six months. "

林语堂：And in the Records of Marvels we read that when the p'eng flies southwards, the water is smitten for a space of three thousand li around, while the bird itself mounts upon a great wind to a height of ninety thousand li, for a flight of six months' duration.

华兹生：The Universal Harmony records various wonders, and it says："When the P'eng journeys to the southern darkness, the waters are roiled for three thousand li. He beats the whirlwind and rises ninety thousand li, setting off on the sixth month gale. "

表3-4 《逍遥游》夸张修辞格（例句）英译对比

原文	理雅各译文	林雨堂译文	华兹生译文
（不知其）几千里	I do not know how many li [1 li = ca. 500 m] in size	I do not know how many thousand li in size	I don't know how many thousand li he measures
（其翼若）垂天之云	clouds all round the sky	(its wings) obscuring the sky like clouds	clouds all over the sky
三千里	3000 li	three thousand li around	three thousand li
九万里	90,000 li	ninety thousand li	ninety thousand li

和汉语一样，英语中也有夸张修辞手法，即通过夸大其词或言过其实，对表达对象进行有违常识或不合逻辑的夸张性描写，从而实现正常合理描述所无法达到的震惊效果。从上述两个例句的三个译文中可以看出，三位译者均采取了直译的方法来处理原文中的夸张性描写，如"3000 li""90,000 li"等，达到了与原文同样的文学震撼力。同样，三位译者在翻译"鹏之背，不知其几千里也"等夸张性描写时，也都不约而同地采取了直译的方法。

（四）比喻

比喻是一种最常见的修辞格，就是用跟甲事物有相似之点的乙事物来描写或说明甲事物。在《庄子》一书中比喻被广泛使用，随处可见。如上文中的例子，除了夸张外，也是比喻，其他还有"有鸟焉，其名为鹏，背若太山，翼若垂天之云；传扶摇羊角而上者九万里，绝云气，负青天，然后图南，且适南冥也"，庄子运用比喻的手法将鹏的背比作泰山，鹏的翅膀比作天边的云，形容鹏鸟之大。这里的"若"字就是典型的汉语明喻特征，英语中与之对应的词语为"like""as"等。英语和汉语一样，具有丰富的比喻表达，因此，较之汉语独有的叠字、严格的对偶而言，比喻的翻译更易于采取直译的方法。如对"有鸟焉，其名为鹏，背若太山，翼若垂天之云"一句的翻译：

理雅各：There is (also) a bird named the Peng; its back is like the Tai mountain, while its wings are like clouds all round the sky.

林语堂：There is also a bird, called the p'eng, with a back like Mount T'ai, and wings like clouds across the sky.

华兹生：There is also a bird there, named P'eng, with a back like Mount T'ai and wings like clouds filling the sky.

在三个译本中，译者无一例外地将"若"字翻译成了"like"，成功地再现了原文的修辞风格。

（五）比拟

比拟就是把一个事物当作另外一个事物来描述、说明，或是将人比作物（拟物），又或是将物比作人（拟人）。这种修辞格的运用能取得独特的修辞效果：或增添一种独特的情味，或把事物描写得活灵活现、栩栩如生，借此抒发作者爱憎分明的情感。如《逍遥游》中的"蜩与学鸠笑之曰""斥鴳笑之曰"等处都是比拟中的拟人修辞格，"笑"和"曰"本属人的行为，这里通过拟人化的手法变成了动物的动作，生动鲜活、妙趣横生，通过赋予动物人性，借其对话展现它们的可笑，凸显他们和大鹏之间的差距，进而说明小和大的区别，同时也表达出作者强烈的情感和深刻的思想。英语中也有比拟这种修辞手段，对应的翻译可以引发读者的审美联想。如这句话："蜩与学鸠笑之曰：'我决起而飞，抢榆枋，时则不至，而控于地而已矣，奚以之九万里而南为？'"

理雅各: A cicada and a little dove laughed at it, saying, "We make an effort and fly towards an elm or sapan-wood tree; and sometimes before we reach it, we can do no more but drop to the ground. Of what use is it for this (creature) to rise 90, 000 li, and make for the South?"

林语堂: A cicada and a young dove laughed, saying, "Now, when I fly with all my might, tis as much as I can do to get from tree to tree. And sometimes I do not reach, but fall to the ground midway. What then can be the use of going up ninety thousand li to start for the south?"

华兹生: The cicada and the little dove laugh at this, saying, "When we make an effort and fly up, we can get as far as the elm or the sapanwood tree, but sometimes we don't make it and just fall down on the ground. Now how is anyone going to go ninety thousand li to the south!"

三位译者均将上例中的"笑"翻译成 laugh at, "曰"翻译成 say, 英语读者很容易接受理解。值得关注的是，《庄子》原文中一些非比拟的表达，在英文翻译有时也运用比拟手段，如在上文关于夸张翻译的例子中，"北冥有鱼"一段，华兹生自始至终把"鲲"和"鹏"当作一个人来看待，行文中用"he""his"这样的人称代词指称"鲲"和"鹏"。

三、《庄子》文言虚词翻译——以《逍遥游》为例

《庄子》是典型的文言文文本，虚词是文言文表达意义、连贯篇章的重要手段。在跨语言翻译中，文言虚词的处理直接影响到译语读者对《庄子》文本意义、语言特色、篇章结构等的认知和理解。本小节同样以《逍遥游》为例，运用语料库研究方法，分析讨论《庄子》中文言虚词的英译。

首先运用"MyTxtSegTag 汉语文本分词和词性标注 v1.0"软件将《逍遥游》原文进行文本分词，然后使用"MyZiCiFreq 文本字词频率统计工具"软件对《逍遥游》原文进行字词频率统计，分别得出如下数据：（1）共计处理字符数 2013，其中汉字数 1494，出现汉字个数为 482；（2）共计处理字符数 2013，其中词语数 1298，出现不同词语（而非独立的字）个数为 523；（3）出现频率最高的前 5 个词语依次为：之（64 次）、也（51 次）、而（49 次）、其（32 次）、者（26 次）。排在前十的高频字和高频词分别如下：

表 3 – 5　《逍遥游》前十个高频字

序号	汉字	出现次数	频率
1	之	64	4.9307
2	也	51	3.9291
3	而	49	3.7750
4	其	32	2.4653
5	者	26	2.0031
6	不	19	1.4638
7	曰	19	1.4638
8	乎	18	1.3867
9	大	16	1.2327
10	以	16	1.2327

表 3-6 《逍遥游》前十个高频词

序号	汉字	出现次数	频率
1	之	69	4.6278
2	而	54	3.6217
3	也	52	3.4876
4	不	42	2.8169
5	其	35	2.3474
6	者	26	1.7438
7	大	24	1.6097
8	无	24	1.6097
9	为	23	1.5426
10	以	21	1.4085

由表 3-6 可见，出现频率最高的前五个词语均为文言虚词，文言虚词在古汉语表达意义、建构篇章中的作用在此可以很直观地得到体现。另外，上述五个高频词作为词语出现的次数略少于作为字出现的次数，符合文言文中字与词语的划分规律，以"之"为例，作为字出现 69 次，作为词语出现 64 次，另外 5 次出现在"之外（2 次）""之间（1 次）""之上（1 次）""之于（1 次）"之中。因同样原因，作为字出现的"不"排序第四，但作为词语排序降为第六，其余几次出现在搭配"不顾""不近人情"等词语中。因此，此处将以词频统计结果出现次数最多的"之、也、而"这三个虚词作为分析对象，探讨上述三种译文处理这些文言虚词的方法。①

———————

① 本部分有关文言虚词翻译的英汉平行语料文本较大，为说明问题，提供"之"字翻译相关材料，见附录 5，其他两个虚词的翻译对比语料从略。

在文言文中虚词一般不作句子成分，也不表示实在意义，其主要功能是组合语言单位。虚词的种类有六类：副词、介词、连词、助词、叹词、象声词和代词。

（一）之

在《庄子》文本里，"之"是出现频率最高的字，也是出现频率最高的词，这源于"之"众多的语义及篇章功能，"之"在文言文中的主要用法如下：

（1）作助词：

①置于定语和中心语之间，相当于现代汉语的"的"。如：子而思报父母之仇，臣而思报君之仇。（《勾践灭吴》）

②置于主语和谓语之间，取消句子的独立性。如：客之美我者，欲有求于我也。（《邹忌讽齐王纳谏》）

③置于倒装的动（介）宾短语之间，作为宾语提前的标志。如：句读之不知，惑之不解，或师焉，或不焉。（《师说》）

④置于倒装的定语与中心语之间，标志定语的后置。如：蚓无爪牙之利，筋骨之强。（《劝学》）

⑤置于表达时间的词语或动词（多为不及物动词）之后，凑足音节，并无实际意义。如：顷之，烟炎张天。（《赤壁之战》）

⑥表方位或时间的限定，相当于"以"。如：四海之内。

（2）作代词：

①第三人称代词，他、她、它（们）。指代人、事、物，一般作宾语。有时灵活运用于第一人称或第二人称。如：吾见相如，必辱之。（《廉颇蔺相如列传》）

②指示代词，表近指。"这，这些，此"。如：之二虫又何知。

（《逍遥游》）

③动词："往，到……去"。如：奚以之九万里而南为？（《逍遥游》）

通过 BFSU ParaConc1.2.1 进行平行检索，得出 44 句（句群）中"之"作为词语，共计 64 次。对照上述"之"字若干含义，看三种译文如何处理。

例 1：鹏【之】背，不知其几千里也

理雅各：…, the back of which is (also) - I do not know how many li in extent.

林语堂：Its back is I do not know how many thousand li in breadth.

华兹生：The back of the P'eng measures I don't know how many thousand li across and, …

在此句中，"之"表示领有关系，相当于现代汉语中的"的"，对应英语中的 of 和物主代词。因此，理雅各和华兹生使用的是 of，而林语堂采用的是物主代词 its。

例 2：宋人有善为不龟手【之】药者，世世以洴澼絖为事。

理雅各：There was a man of Sung who was skilful at making a salve which kept the hands from getting chapped; and (his family) for generations had made the bleaching of cocoon-silk their business.

林语堂：There was a man of Sung who had a recipe for salve for chapped hands, his family having been silk-washers for generations.

华兹生：In Sung there was a man who was skilled at making a salve to prevent chapped hands, and generation after generation his family made a living by bleaching silk in water.

在此句中，"之"表示修饰关系，也相当于现代汉语中的"的"。三位译者均将其转换成英语中的后置修饰语，理雅各译文是 which 引导的定语从句，林语堂译文是 for 介词短语，华兹生译文是带 to 的动词不定式短语，符合英语语法特点。

例3：鹏【之】徙于南冥也，水击三千里，

理雅各：When the Peng journeys to the Southern Ocean it flaps (its wings) on the water for 3000 li.

林语堂：... when the p'eng flies southwards, the water is smitten for a space of three thousand li around, ...

华兹生：When the P'eng journeys to the southern darkness, the waters are roiled for three thousand li.

在此句中，主谓短语"鹏——徙于南冥"在句中起分句的作用，作为结构助词，"之"可用在此主谓结构之间。因此，三个译文都将其翻译成 when 从句。

例4：蜩与学鸠笑【之】曰：……

理雅各：A cicada and a little dove laughed at it, saying, ...

林语堂：A cicada and a young dove laughed, saying, ...

华兹生：The cicada and the little dove laugh at this, saying, ...

在此句中，"之"是代词，代替上文中提到的"鹏"，因此，三位译者分别将其译为 it 或 this 做 laugh at 的宾语，或是省略不译，仅用不及物动词 laugh 即可。

例5：【之】二虫又何知？

理雅各：What should these two small creatures know about the matter?

林语堂：Those two little creatures, what should they know?

华兹生：What do these two creatures understand?

在此句中，"之"也是代词，做"这、那"解，考虑到"二虫"为复数，因此，译者将其翻译为 these 或 those.

例 6：奚以【之】九万里而南为？

理雅各：Of what use is it for this (creature) to rise 90, 000 li, and make for the South?

林语堂：What then can be the use of going up ninety thousand li to start for the south?

华兹生：Now how is anyone going to go ninety thousand li to the south!

在此句中，"之"是动词，意为"往""到……去"。因此，三个译文分别将"之"翻译成动词 rise, go up 和 go，与原文具有相同的意义和功能。

（二）也

作为文言虚词，"也"有以下两种常见含义：

（1）作为句末语气词：

①表示判断。如：城北徐公，齐国之美丽者也。（《邹忌讽齐王纳谏》）

②表示疑问或者反诘。如：公子畏死邪？何泣也？（《信陵君窃符救赵》）

③表示陈述或者解释。如：雷霆乍惊，宫车过也。（《阿房宫赋》）

④表示肯定或者感叹。如：呜呼！灭六国者六国也，非秦也。（《过秦论》）

⑤表示祈使。如：攻之不克，围之不继，吾其还也。（《崤之战》）

（2）作为句中语气词，表示语气的停顿。如：是说也，人常疑之。

（《石钟山记》）

通过 BFSU ParaConc1.2.1 进行平行检索，得出 37 句（句群）中含有虚词"也"，共出现 51 次。对照上述"也"字若干含义，看三种译文如何处理。

例1：是鸟【也】，海运则徙于南冥。南冥者，天池【也】。

理雅各：When the sea is moved（so as to bear it along），it prepares to remove to the Southern Ocean［darkness］. The Southern Ocean is the Lake of Heaven.

林语堂：When on a voyage, this bird prepares to start for the Southern Ocean, the Celestial Lake.

华兹生：When the sea begins to move, this bird sets off for the southern darkness, Which is the Lake of Heaven.

在此句中，第一个"也"字位于句中，表停顿。第二个"也"字用于句末，表判断，理雅各译文和华兹生译文采用的是系表结构，林语堂译文使用的是同位语结构，均有表示判断的功能。

例2：斥鴳笑之曰：彼且奚适【也】？

理雅各：A quail by the side of a marsh laughed at it, and said, Where is it going to?

林语堂："And a lake sparrow laughed, and said：Pray, what may that creature be going to do？"

华兹生："The little quail laughs at him, saying," Where does he think he's going?

在这里，"（而）彼且奚适【也】"中的"也"字位于句末，表示疑问。因此，三位译者均采用了"where, what, wherever"等疑问词构成了疑问句，具备与原文相同的功能。

例3：置杯焉则胶，水浅而舟大【也】。

理雅各：Place a cup in it, and it will stick fast; —the water is shallow and the boat is large.

林语堂：Try to float the cup, and it will be grounded, due to the disproportion between water and vessel.

华兹生：But set the cup there and it will stick fast, for the water is too shallow and the boat too large.

在此句中，"也"用在因果句尾表示解释，三种译文也都分别使用了破折号、due to 和 for 引出了"置杯焉则胶"的原因。

例4：岂唯形骸有聋盲哉？夫知亦有之。是其言【也】，犹时女【也】。

理雅各：But is it only the bodily senses of which deafness and blindness can be predicated?

There is also a similar defect in the intelligence; and of this your words supply an illustration in yourself.

林语堂：And blindness and deafness are not physical only. There is blindness and deafness of the mind. His words are like the unspoiled virgin.

华兹生：And blindness and deafness are not confined to the body alone——the understanding has them too, as your words just now have shown.

在此句中，"也"用在句末，表示肯定或感叹语气，三个译文均将此翻译成肯定陈述句。

例5：且夫水之积【也】不厚，则其负大舟【也】无力。

理雅各：If Water is not heaped up deep enough, it will not have the strength to support a big boat.

林语堂：If there is not sufficient depth, water will not float large ships.

华兹生：If water is not piled up deep enough, it won't have the strength to bear up a big boat.

在此句中，"也"作为句中语气词，只表示语气停顿，并无实际意义，因此，译文中也并未有"也"的对应词汇。

（三）而

作为文言虚词，"而"的用法较多，尤其在篇章衔接方面，非常活跃，简介如下：

（1）作连词：

①表转折关系，相当于"可是""然而""却"。如：青，取之于蓝，而青于蓝。（《劝学》）

②表并列关系，相当于"又""和"或不译。如：敏而好学，不耻下问。（《论语》）

③表承接关系，相当于"接着""就""才"或不译。如：人非生而知之者，孰能无惑？（《师说》）

④表偏正关系，连接状语和中心词，相当于"着""地"或不译。如：太后盛气而揖之。（《触龙说赵太后》）

⑤表假设关系，连接主语和谓语，相当于"如果""假使"。如：人而无信，不知其可。（《论语》）

⑥表递进关系，相当于"并且""而且"。如：君子博学而日参省乎己（《劝学》）

⑦表因果关系，相当于"因而"。如：余亦悔其随之而不得极夫游之乐也。（《游褒禅山记》）

⑧表目的关系。如：籍吏民，封府库，而待将军。(《鸿门宴》)

(2) 作代词，通"尔"，相当于"你（们）""你（们）的"。如：而翁归。(《促织》)

(3) 作复音虚词，如"而已""而后""而况""既而"等。

通过 BFSU ParaConc1.2.1 进行平行检索，得出 35 句（句群）中含有作为虚词的"而"字，共计 49 次，其中含复音虚词"而后"3 次、"而已"1 次、词语"大而无当"1 次。对照上述"而"字若干含义，看三种译文如何处理。

例1：今子之言，大【而】无用，众所同去也。

理雅各：Now your words, Sir, are great, but of no use; — — all unite in putting them away from them.

林语堂：Your words are like that tree——big and useless, of no concern to the world.

华兹生：Your words, too, are big and useless, and so everyone alike spurns them!

在此句中，"而"有转折之意，因此，理雅各译文用了"but"，林语堂译文和华兹生译文用了"and"，也能表示转折的含义。

例2：化【而】为鸟，其名为鹏。……怒【而】飞，其翼若垂天之云。

理雅各：It changes into a bird with the name of Peng, … When this bird rouses itself and flies, its wings are like clouds all round the sky.

林语堂：This k'un changes into a bird, called the p'eng. … When it is moved, it flies, its wings obscuring the sky like clouds.

华兹生：He changes and becomes a bird whose name is P'eng. …when he rises up and flies off, his wings are like clouds all over the sky.

在此句中，"而"字表示并列关系，因此在译文中多用"and"连接两个动词，如"changes and becomes""rouses itself and flies""rises up and flies off"等，或是根据英语词法和句法特点，将之变成"动词 + 介词"搭配或主从句结构，如"change into""when it is moved, it flies, …"，符合英语词法和句法特点。

例3：聚族【而】谋曰："我世世为洴澼絖，不过数金；今一朝【而】鬻技百金，请与之。"

理雅各：The kindred all came together, and considered the proposal. "We have," said they, "been bleaching cocoon-silk for generations, and have only gained a little money. Now in one morning we can sell to this man our art for a hundred ounces; ——let him have it."

林语堂：whereupon he called together his clansmen and said, "We have never made much money by silk-washing. Now, we can sell the recipe for a hundred ounces in a single day. Let the stranger have it."

华兹生：The man called everyone to a family council. `For generations we've been bleaching sills and we've never made more than a few measures of gold, "he said. Now, if we sell our secret, we can make a hundred measures in one morning. Let's let him have it!"

在此句中，"而"表示承接关系，译文中既有用"and"连接的并列谓语，也有采用拆句的方法来表示几个动作之间的承接关系。

例4：庄子曰："子独不见狸狌乎？卑身【而】伏，以候敖者；东西跳梁，不辟高下；中于机辟，死于罔罟。"

理雅各：Master Chuang replied, "Have you never seen a wildcat or a weasel? There it lies, crouching and low, till the wanderer approaches; east and west it leaps about, avoiding neither what is high nor what is low, till it is caught in a trap, or dies in a net."

林语堂: "Have you never seen a wild cat," rejoined Chuangtse, "crouching down in wait for its prey? Right and left and high and low, it springs about, until it gets caught in a trap or dies in a snare."

华兹生: Chuang Tzu said, "Maybe you've never seen a wildcat or a weasel. It crouches down and hides, watching for something to come along. It leaps and races east and west, not hesitating to go high or low-until it falls into the trap and dies in the net."

此句中，"而"连接状语和中心词，表示偏正关系，而三种译文采取了多样化的方法来描述动作及其修饰语，如-ing 短语、介词短语、并列谓语等。

例 5：时雨降矣，【而】犹浸灌，其于泽也，不亦劳乎！

理雅各：When the seasonal rains are coming down, if we still keep watering the ground, will not our toil be labour lost for all the good it will do?

林语堂：If, when the rain has fallen, one should still continue to water the fields, would this not be a waste of labor?

华兹生：When the seasonal rains are falling, it's a waste of water to go on irrigating the fields.

在此句中，"而"表示假设之意，因此，理雅各译文和林语堂译文均用了"if"从句，而华兹生译文则采用了"It is … to do…"这样的结构来表示隐含的假设含义。

例 6：吾以是狂【而】不信也。

理雅各：These words appeared to me wild and incoherent and I did not believe them.

林语堂：That is why I call it nonsense, and do not believe it.

华兹生：I thought this was all insane and refused to believe it.

在此句中，"而"表因果，因此，三位译者均采用具有多种功能的 and 来表达因果关系，符合 and 的用法。

例 7：我决起而飞，枪榆枋而止，时则不至，而控于地【而已】矣。

理雅各：We make an effort and fly towards an elm or sapan-wood tree; and sometimes before we reach it, we can do no more but drop to the ground.

林语堂：Now, when I fly with all my might, it is as much as I can do to get from tree to tree. And sometimes I do not reach, but fall to the ground midway.

华兹生：When we make an effort and fly up, we can get as far as the elm or the sapanwood tree, but sometimes we don't make it and just fall down on the ground.

在此句中，"而已"为复音虚词，放在句末，表示限止的语气助词，相当于"罢了"。三位译者分别采用"we can do no more but drop to the ground""And sometimes I do not reach, but fall to the ground midway"和"but sometimes we don't make it and just fall down on the ground"表达出了同样的语气。

至此，本部分简要探讨了三个主要文言虚词在不同译本中的处理方法。虽然说虚词意义空灵，但由于汉语整体上属于意合性语言，尤其在文言文中，意义的表达更多的是依赖于词语的组合，而不是依赖于语法结构，虚词对篇章的衔接、意义的连贯，发挥了不可替代的作用。庄子的文学性不仅在于其千姿百态的寓言、汪洋肆意的语言和浪漫主义的手法，还体现在文中大量虚词的运用，"虚"与"实"的有机融合，使文本意义更显空灵开放。虚词是汉语独有的一种语言现象，翻译中对虚词的恰当处理，涉及不同语言间差异性的弥合以及原文文学性的传译，对《庄子》文学在异文化中的传播具有重要意义。

本章小结

《庄子》西译已有 100 多年的历史，译者群体由最早的欧洲来华传教士，到后来的西方汉学家，现在越来越多的具有中国文化背景学者也自觉参与进来，共同推动着《庄子》的海外传播，尤其是在英语世界的传播。由于时代和翻译目的的不同，以及译者自身学术背景的差异，各个译本都展示出了各自的特点和形态。以几个影响较大的译本为例，理雅各译本追求对原典的忠实，冯友兰译本偏重哲学思想的译介，林语堂译本突出原作风格的再现，华兹生译本兼顾《庄子》思想性和文学性，葛瑞汉译本提供了独具一格的篇目排列，梅维恒译本注重原作的文学成就，汪榕培译本以可读性为中心取向。形态各异的翻译为《庄子》文学在英语世界的传播发挥了不同程度的促进作用。

虽然《庄子》首先是因为其哲学思想而引起西方学者的关注，大多数译者也是将其作为哲学著作而加以译介的，但《庄子》的文学性是翻译中无可回避的存在，其中，大量的寓言故事、丰富的修辞手法，在《庄子》文学构成中具有重要作用。由于中西语言结构、文化背景、译者主体等方面的差异，同一个寓言故事的翻译，不同译本在叙事视角的选择、词语内涵义的解读、文化特色词的传译等方面，具有不同的呈现，这也为《庄子》文学开辟了更为多元的解读空间。各个译本在处理文言虚词时所采用的翻译策略，如代词照应、名词替代、词语重复等，既生动地展现了汉英语言的深层差异，更是为汉语文言文翻译提供了丰富的实践参照。

第四章

《庄子》文学的跨文化阐释

　　《庄子》的文学品格、其在中国文学史上的重要地位，吸引着一代又一代中国文人学者，从各种不同的角度阅读之、阐释之。作为庄学研究的一个部分，《庄子》文学研究崴嵬壮观。那么，在跨文化语境里，《庄子》文学又会有怎样的境遇呢？

　　从历史上看，明代中期以前，中国文学的域外传播主要发生在亚洲（尤其是东亚）地区，古代的日本、朝鲜、越南等国文学都曾受到中国文学的浸润和启迪，这属于同质文化圈内的影响。到了明代末年，随着西方国家资本主义制度的确立和东西方航路的开辟，欧洲殖民势力开始向东方扩张。西方传教士们纷纷东至，他们为博大精深的中国文化所吸引，同时也为传教布道之方便，开始了中国文化典籍的西译工作。早期传教士关注的重点是中国思想和文化，但由于很多中国典籍，如先秦诸子作品，既是哲学著作，又是文学作品，传教士的译介工作在客观上推动了中国文学向异质文化空间的传播。《庄子》也是在这样的背景下走进了西方人的视野，西方学人自此开始了他们对《庄子》文学的跨文化解读。由于英语世界的《庄子》的译著和论著在数量上超过其他语种，而且，在欧洲非英语国家，早期的《庄子》引入很多是转译英语文本实现的，因此，本章主要从文学的视角，解析英语世界对《庄子》的接受与解读，同时兼顾非英语国家里的《庄子》。

第一节　《庄子》文学的西方出场

《庄子》在西方的传播经历了一个复杂而漫长的过程，人们主要关注的是其哲学思想。如前章所述，把《庄子》作为文学作品引介到西方，英国汉学家翟理斯是一个绕不过去的名字，而让西人较为细致地认识《庄子》文学品格的，则不能不提到伯顿·华兹生。

一、翟理斯对《庄子》文学的引介

翟理斯是继巴尔福之后第二个翻译《庄子》的英国学者，这是与他的在华经历分不开的。1867 年，翟理斯就是作为英国驻华使馆的一名翻译学生来到中国的，他在英国领事馆最初的工作即是翻译，25 年的在华生活，让他对中国文化产生了浓厚兴趣，编撰字典、著书、译书，翻译了大量中国文学作品，如《三字经》《诗经》《聊斋志异》《洗冤录》《佛国记》《古文选珍》《庄子》等。翟理斯是西方现代汉学奠基人之一，在 19 世纪后期 20 世纪初中学西渐中，其影响是不可绕过的话题，而他对中国文学的译介与研究也构成了他那个时代西方汉学研究的重要组成部分。

（一）翟氏译序中的《庄子》

无论是翟理斯之前，还是在他那个时代，西方对中国典籍的译介的重点都是儒家作品。随着对中国文化认识的进一步深入，翟理思注意到除儒家之外，道家思想、佛教禅宗在中国文化构成中具有重要意义，他将研究兴趣投向了道家。"儒家的作品已经很多了，佛家也同样是这样，所以我决定将自己（的研究范围）限制在道家这个并不受普通大众太多关注的领域。"①翟理斯关注道家不仅是为了弥补当时西方学者研究的不足，更是基于他对儒道佛三家思想的认识："孔教从来就不是一种宗教，只不过是关于社会和政治道德的系统；佛教确实是一种宗教，但却是外来的；只有道教，至少可以知道它是土生土长的。"②而在中国文化传统上，自汉代始，人们论及道家，常是老庄并提，因此翟理斯关注《庄子》并非偶然。

翟理思花费了整整两年时间翻译《庄子》全书，于1889年1月由夸理奇出版公司出版了《庄子：神秘主义者、道德家和社会改革家》，1926年修订更名为《庄子——道德哲学家和中国的神秘主义者》，并多次再版。翟理思的《庄子》译本分为三大部分：序言、庄子哲学札记、译文正文。

在译本序言中，翟理斯对《庄子》哲学价值和文学价值做了截然不同的评价："老子的理想主义深深吸引了庄子的诗性灵魂，他想遏制让人万劫不复的物质主义。当然，他失败了，要让精明的中华民族相信'无为无所不为'的任务简直太艰巨了。但庄子留给了后世一个瑰丽的文学宝藏，其中充满了原创性的思想，在（中国文学史上）一直占有最

---

① Herbert. A. Giles. *China and the Chinese* ［M］. New York：The Columbia University Press，1912：145.
② Herbert. A. Giles. *China and the Chinese* ［M］. New York：The Columbia University Press，1912：143.

重要的位置。"① "《庄子》对孔子的刻画，是任何现代文人都不会同意的。但《庄子》语言之美则是有口皆碑，其语言常被《康熙字典》所引用。"②

由此可以看出，翟理斯对《庄子》文学颇为推崇，他敏感地捕捉到《庄子》丰沛的诗意、美妙的语言和独特的思想。对《庄子》文学性的理解也直接影响了其翻译策略的运用。根据翟理思译本序言的记录，翟理思在翻译时，借鉴了中国传统学术研究中评注的方法，他把自己对《庄子》的评论也夹杂在译文之中，以帮助西方读者理解《庄子》里的典故和庄子微妙精深的思想。③

（二）翟氏《中国文学史》中的《庄子》

1901 年，翟理斯出版了世界上第一部用英语撰写的《中国文学史》（A History of Chinese Literature）。④ 该书较系统地叙述了中国文学的发展概况，这是中国文学向外传播的一部里程碑式的作品。"它第一次以文学史的形式，向英国读者展现了中国丰富的文学在悠久的发展过程中的全貌——虽然尚有欠缺和谬误的全貌，这无疑是向英国读者呈现了一个富于东方异国风味的文学长廊，因此它是十九世纪以来英国译介中国文学的一个重要成果"⑤；翟氏《中国文学史》为西方学者了解中国文

---

① Herbert. A. Giles. trans. *Chuang Tzu*: *Taoist Philosopher and Chinese Mystic* ［M］. London: George Allen & Unwin, 1926: ix.

② Herbert. A. Giles. trans. *Chuang Tzu*: *Taoist Philosopher and Chinese Mystic* ［M］. London: George Allen & Unwin, 1926: xiv.

③ Herbert. A. Giles. trans. *Chuang Tzu*: *Taoist Philosopher and Chinese Mystic* ［M］. London: George Allen & Unwin, 1926: xvi.

④ Herbert A. Giles. *History of Chinese Literature* ［M］. New York and London: Appleton And Company, 1889, 1980.

⑤ 张弘. 中国文学在英国 ［M］. 广州: 花城出版社, 1992: 83 – 84.

学总体状况，为中国文学进入世界文学系统提供了一个契机。那么，翟理斯在这部著作中是如何安顿《庄子》的呢？

翟理斯《中国文学史》所涉时间跨度在公元前 600 年到公元 1900 年间，作者选取了 200 余位作家及其作品，以朝代的基本时间为经线，以文学的各种体裁为纬线，梳理出中国文学史架构。全书共分为八卷，第一卷的"分封时期"（The Feudal Period，[B. C. 600 - 200]），是对先秦文学的总述，包括神话传说，以孔子为中心的四书五经、先秦诸子、先秦诗歌、道家与《道德经》等。在这一部分里，作者选译了《庄子》的几个片段，分别是：河伯与北海若的对话、井底之蛙、庄子钓于濮水之上、庄子路遇骸骨、庄子将死等。《庄子》就这样，作为道家文学的一部分，被引到英语读者的视野中。而《中国文学史》则为西方读者认识《庄子》提供了大的背景参照。

翟理斯出版了《庄子》全英文译本，当他最早以"中国总体文学"之名向西方世界介绍中国文学时，又将《庄子》纳入其中，两相结合，较为有力地推动了《庄子》在西方，尤其是在英语世界的和传播。虽然翟理斯翻译的《庄子》注入了很多个人的评论与解释，不是特别严谨，其著的《中国文学史》，对《庄子》的介绍只是粗线条的，但他对《庄子》文学走进西方有着开创之功。美国当代著名汉学家葛瑞汉在其《庄子》的选译本——《〈庄子〉内七篇及其他作品》前言中就指出："翟理思的译本在文学历史上有首译之功，它对从王尔德（Oscar Wilde）到米勒（Henry Miller）等英美作家都有影响。"①而毛姆也曾这样描述自己阅读翟理思译本感受："在身心俱懒的时候，我只有拿起翟

---

① A. C. Graham. *Chuang-tzu*：*The Seven Inner Chapters and Other Writings from the Book Chuang-tzu* [M]．London：George Allen & Unwin. 1981：30 - 33.

理思教授翻译的《庄子》来读，严肃的儒家对庄子皱眉头，因为他是个人主义者，然而《庄子》却是很好的读物。这本书特别适合下雨天。你读《庄子》时，时常不期而遇碰到使人心绪飘摇的思想。但它会像涨潮时激起的浪花，刹时冲刷而过，然后在情性里油然陡生种种意味，任你自己独自在老庄的世界里沉浮。"①

二、华兹生对《庄子》文学的阐发

如果说翟理斯对《庄子》文学走进西方具有首推之功的话，美国汉学家伯顿·华兹生作为"第一个真正展开《庄子》文学特色之分析的译者"② 则开启了西方文化背景下对《庄子》文学的阐发。

被誉为美国"翻译中国古典文学的泰山北斗"的华兹生，1956 年以论文《司马迁：中国伟大的历史学家》（Ssu-ma Ch'ien：Grand Historian of China）获得哥伦比亚大学哲学博士学位，先后在京都大学、哥伦比亚大学及斯坦福大学教授中文及日文。华兹生专注于中日文学的翻译与研究，成果丰厚，出版各类著作 20 余种，他的《史记》英译堪称西方《史记》研究的里程碑，自 1961 年出版以来，一直受到西方汉学界的关注。华兹生对《庄子》的研究与翻译也是美国汉学界的重大成果。1962 年，华兹生出版了具有文学史性质的《早期中国文学》（Early Chinese Literature），其中谈到了《庄子》；1964 年，华兹生翻译出版了《庄子入门》，是内七篇的翻译；1968 年由哥伦比亚大学出版社出版了《庄子全书》，该译本广受好评，成为中国典籍在西方译介的经典之作。

---

① 张弘. 中国文学在英国 [M]. 广州：花城出版社，1992：71.
② 徐来. 英译《庄子》研究 [M]. 上海：复旦大学出版社，2008：68.

（一）独树一帜的《庄子》

在华兹生撰写的《早期中国文学》一书中，作者梳理了从公元前1100年到公元220年间的中国历史、哲学与诗歌的发展状况，附有纪年年表，书中收录有《管子》《左传》《国语》及诸子散文等古典文学名篇，并对每一部作品都做了分析、评论。《庄子》是被放在该书的"哲学部分"里加以讨论的。

华兹生首先介绍了《庄子》构成：内篇、外篇和杂篇以及各章命名由来，认为从文学视角看，内篇与外篇、杂篇存在很大区别：内篇风格华丽鲜明，表明其作者思维敏捷、富有创造性；而外篇、杂篇虽然通畅易读，却庸常无奇，缺乏活泼灵动。这也解释了华兹生为什么首先选译了《庄子》内篇。

尽管华兹生对《庄子》外篇和杂篇文学价值评价不高，但他依然认为《庄子》在中国早期文学中是独树一帜的，这主要是基于以下两个原因："一是因为《庄子》是唯一一部不谈政治、国家管理等话题的散文，而只关心个人的生命与自由"，而且，庄子的"自由""不是政治、社会、经济的自由，是精神的、心灵的自由"①；中国古代大部分哲学都是面向政治精英或知识分子精英，而庄子哲学是面向精神贵族的。

《庄子》在文学上取得成功的另一个原因，是庄子在展示其"自由"的哲思时所表现出的超凡智慧与想象力。华兹生指出，庄子很少与人争论，也很少说教，他的言说方式是"让读者从震惊中意识到自己狭隘的世俗观念，常常通过无垠空间里的神秘、逍遥之游为比喻，引领读

---

① Burton Watson. *Early Chinese Literature* ［M］. New York：Columbia University Press, 1962：160.

者到达世俗观念之外的另一个领域"①。《庄子》的讽刺、《庄子》的寄寓、《庄子》的诗性幻想，在早期中国文学中都是从未有过的，华兹生甚至认为，在佛教传入中国之前，《庄子》是中国最为出色的想象文学。华兹生所暗示的佛教与中国想象文学间的学理关系，是否严谨不在此论述，但华兹生对《庄子》所展示的非凡想象力的评述是非常中肯的。华兹生说："仅仅凭文学的光彩，《庄子》就已足够把其他学派的任何著作都比下去。"《庄子》"不仅为中国的思想增添了一个全新的维度，也为中国文学增加了一个全新的机智、想象的世界"②。

《早期中国文学》所选的《庄子》片段，集中表现了庄子的死亡观。庄子希望人们从生、死的区别中走出来，超越生死，将死亡看作是一种"回归"。华兹生之所以选择这些内容，是因为他注意到，在中国传统文化里，庄子对待死亡的态度非常独特，在《庄子》之前的中国文学中，从未表达过这种生死为一的观念。庄子直面死亡问题，并以诗意浪漫的方式回应了死亡，把死亡看作是回归自然的途径，而在西方基督教文化里，死亡被看成是现世生命的延续，是对上帝和彼岸的回归。华兹生的西方文化背景让他更容易对《庄子》死亡观产生呼应，他对此予以关注，也就很自然了。

（二）为"自由"而写作的《庄子》

华兹生在其译本的译序中，把《庄子》文本的思想呈现与文学策略结合起来，比较系统地讨论了《庄子》的文学特色。

---

① Burton Watson. *Early Chinese Literature* ［M］. New York：Columbia University Press，1962：161.
② Burton Watson. *Early Chinese Literature* ［M］. New York：Columbia University Press，1962：162.

华兹生明确提出，《庄子》的主题思想就是"自由"（Freedom）。他和中国古代哲学家们面临的问题是一样的：如何在这个混乱、荒诞、充满苦难的世界里生存？孔子、墨子、法家学者们提出的解决方案都是基于常识性的，即寄希望于具体的社会改革、政治改革和伦理改革。而庄子不同，它以神秘主义的思维方式，认为出路在于"把自己从世界中解放出来"（free yourself from the world）①，而传统的价值观则是人们首先需要摆脱的包袱。但要说服人们做到这一点却是一项艰巨的工作，为此，庄子"动用一切修辞手段，使读者意识到传统价值的无意义性，希望借此将读者从束缚中解放出来"②。

华兹生归纳出《庄子》有三种文学策略。一是怪诞的言说，《庄子》里的奇闻轶事，看似荒诞不经却都直击要害；《庄子》里的推理、漫说，看似无根由、无条理，却能把人们从惯常认知的控制中惊醒，发现生命的真相。"这是西方读者所熟悉的、中国和日本禅文学所运用的一种手段"。二是伪逻辑的论述，华兹生认为《庄子》里很多论述看似始于理性和冷静，却终于支离与荒谬，庄子以此打破普遍的逻辑控制，颠覆人们传统的价值观念。这一策略在《庄子》前两章运用得尤为突出。三是《庄子》的幽默风格，华兹生认为，幽默手法的运用使《庄子》明显区别于中国早期文学的其他作品。对绝大多数中国哲学家来说，他们不仅很少使用幽默，甚至很多人从未听说过幽默，但庄子却不同，幽默是《庄子》的核心风格，"他似乎知道一声大笑比十页长篇大

---

① Burton Watson. trans. *Chuang Tz*: *Basic Writings*［M］. New York & London: Columbia University Press, 1964: 3.

② Burton Watson. trans. *Chuang Tz*: *Basic Writings*［M］. New York & London: Columbia University Press, 1964: 5.

论更能撼动人们对虚妄臆断的信心"①。

此外，华兹生指出，为了描述人们在获得"解放"后达到的"无为"状态，《庄子》运用了类比手法（analogy），将"无为"比拟为木雕师、屠夫等工作中得心应手的境界。在批判儒家、法家、名家等学说时，庄子最惯常的武器是戏仿（parody）和讽刺（ridicule）。由于庄子拒绝一切传统价值，他对语词的传统意义也同样予以颠覆，他会故意在相反的意义上使用某个词语。哪些是正说，哪些是反说，人们难以确定，这也导致了对《庄子》截然不同的解读。

华兹生不仅对《庄子》围绕"自由"主题而采用的多种文学表现手段予以细致的分析，还对《庄子》文学性在总体上做了高度评价："自《庄子》问世后两千多年来，其崇高的文学艺术和自由观使它在中国和中华文化圈内的其他国家的读者所钟爱。《庄子》富有想象力，非同凡响的语言运用使之跨越翻译的障碍，赢得不同文化、不同国家更多读者的喜爱。"庄子像诗人一样写散文，诗味很浓，《庄子》"其实就是古代中国最伟大的诗篇之一"②。

较之中国学者的研究，华兹生的西方文化背景，使其对《庄子》的自由观、死亡观有更为敏锐的认知和不同的解读。尤其是对《庄子》死亡观的关注，也引发了其他学者的呼应，如在西里尔·白之（Cyril Birch）主编的《中国文学作品选：早期至 14 世纪》③ （Anthology of

---

① Burton Watson. trans. *Chuang Tz*：*Basic Writings* ［M］. New York & London：Columbia University Press，1964：15 – 17.

② Burton Watson. trans. *Chuang Tz*：*Basic Writings* ［M］. New York & London：Columbia University Press，1964：17.

③ Birch Cyril. *Anthology of Chinese Literature*：*from Early Times to the Fourteenth Century* ［M］. New York：Grove Press, Inc.，1965.

Chinese Literature: from Early Times to the Fourteenth Century）、赖明
（Lai Ming）的《中国文学史》①（A History of Chinese Literature）中都
有明显的体现。这也启迪国内学者以更宽阔的视野解读《庄子》关于
自由与生死的言说。

第二节　与翻译同步的《庄子》文学研究

20世纪60年代以后，西方，尤其是英语世界对《庄子》的兴趣越
来越浓厚，最为明显的表现即《庄子》译本越来越多，而对《庄子》
的翻译，同时又是对《庄子》的研究，翻译与研究同步展开。几乎每
一个译本均在译序或导论中讨论了庄子思想渊源、原文解读、文本作者
以及其他相关问题的研究，其中不少译本，和上述翟理斯、华兹生译本
一样，都对《庄子》文学给予了关注与评读，如《庄子》的第三个英
语全译本、理雅各的《庄子》在1959年重印时，对《庄子》文学成就
评价进行补遗，添加了日本佛学家铃木大拙（Daisetz T. Suzuki）的导
论，认为庄子是中国道家历史上最伟大的哲学家、诗人、文学随笔家，
在整个中国文学上可能也是如此。铃木大拙的评价在一定程度上弥补了
理雅各译本1891年版对《庄子》文学成就重视不足的遗憾，也表明在
翻译过程中，《庄子》文学性受到越来越多的重视。21世纪《庄子》第
一部英语全译本、科里亚的《庄子》（电子版），则在庄子介绍中，论及
了《庄子》文学性与哲学性相融合的特质，指出《庄子》以故事和寓言

---

① Lai Ming. *A History of Chinese Literature* [M]. New York: John Day Co., 1964.

引领人们去质疑并笑对世界的荒谬，这本书是需要人们反复阅读的，而每次阅读都会有新的发现，如果有人读了《庄子》并认为从中找到了一些确定的真理，那么他肯定没能领略到《庄子》的幽默与矛盾。①

可以说，《庄子》翻译不仅仅是《庄子》在中西语言之间的文本转换，也代表了不同时期的译者对《庄子》文学相关问题的研究状况和水平，是异质文化对《庄子》文学研究历程的重要组成部分。继华兹生之后，葛瑞汉和梅维恒是对《庄子》文学做系统性考察的代表性译者。

一、从语言与故事入手——葛瑞汉的《庄子》文学解读

葛瑞汉专长于中国古代思想史研究，其先秦诸子思想（如《墨子》《庄子》《列子》《孟子》等）的英译与研究成果俱丰。1981 年，葛瑞汉出版的《庄子》的选译本——《〈庄子〉内七篇及其他作品》虽是选译，但译本囊括了《庄子》五分之四的篇幅。

葛瑞汉译本的第一部分"导言"，分八小节分别讨论了道家起源、庄子其人其书、庄子思想要点及语言特点等内容。葛瑞汉分析了庄子的哲学内涵，认为庄子既是一个理想主义者，又是一个相对主义者，《庄子》表达了中国文明中"崇尚自然、直觉、个人、蔑视传统"的一面，与儒家所代表的"说教、官方、高尚"恰好相反。② 葛氏译本在注重《庄子》哲学思想的分析和传译的同时，也充分注意到了《庄子》哲学思辨所表现出的文学品格，指出庄子身上同时体现出了艺术家、作家和

---

① Nina Correa. trans. *Zhuangzi*: *"Being Boundless"* ［EB/OL］. http：// www. daoisopen. com/ZhuangziChuangTzu. html. 2006.

② A. C. Graham. *Chuang-tzu*: *The Seven Inner Chapters and Other Writings from the Book Chuang-tzu* ［M］. London：George Allen & Unwin，1981：3.

哲学家的特点。而阅读《庄子》，首先要把庄子作为一个艺术家来读，读者必然会注意到，庄子是如何把一个作家的敏感和一位哲学家的沉思融合在一起的。

《庄子》一方面是对语言表达有限性的认同，另一方面是对语言的富有成效的运用。葛瑞汉首先着手解决这两者之间的矛盾。他敏锐地注意到：道家对待语言的态度，远不是人们表面上看到的怀疑与否定，恰恰相反，道家只是"有良好的判断力来提醒我们语言的有限性，以此引导人们从一种不同的角度来看待这个世界及走向某种生活方式"①。对于世人所坚信的庄子语言怀疑论，葛瑞汉认为大家忽略了其中的大部分要点，为了启迪世人可以多元视角地观察世界，道家充分发掘一切可能的文学资源，故事、韵文、格言等，用以表达对世界的思考；就庄子而言，他更像是一位诗人，对词语的丰富性十分敏感，他不像哲学家那样运用语言，而是充分发挥词语的含糊性特点，让冲突的意义在明显的矛盾中互相凸显。②庄子并不是全盘否定语言的作用，也不是绝对地拒绝语言的功用。庄子所需要的是，尽其所能地利用文学艺术等一切有用资源向人们指明求"道"的途径和方向。据此，葛瑞汉进一步指出，道家经典，包括《老子》《庄子》以及后来的《列子》，之所以能在中国文学史上占有一席重要的地位，就在于他们发挥了语言的功效。

葛瑞汉《庄子》译本最突出的特点是译者根据自己的研究，将文本根据主题或作者类别进行重新编排。重新编排的《庄子》有以下几个

---

① A. C. Graham. *Chuang-tzu*: *The Seven Inner Chapters and Other Writings from the Book Chuang-tzu* [M] . London: George Allen & Unwin, 1981: 25.

② A. C. Graham. *Chuang-tzu*: *The Seven Inner Chapters and Other Writings from the Book Chuang-tzu* [M] . London: George Allen & Unwin, 1981: 26.

"同类的版块"：内篇、原始主义的作品、杨朱学派的作品、调和论者的作品和"庄子学派"的著作。在重新梳理《庄子》哲学内涵系统的同时，葛瑞汉也同样关注到《庄子》里的大量故事，他按主题将故事分为三类，分别是"庄子之嘲讽逻辑""庄子之蔑视政府与财富""庄子之思考：作为普遍自然进程一部分的死亡"。葛瑞汉认为这些故事都体现了庄子既幽默又深刻的特点，而这一特点跟庄子独特的思维方式密切相关。用葛瑞汉的话来说，庄子"不是在反叛传统的思维模式，而是似乎天生就不受传统模式的束缚"，因此，"在庄子展现给我们的视野中，事物并不拥有我们通常习惯赋予它们的相关含义，他似乎能在动物、植物和人身上找到相同的意义，乞丐、瘸子、畸形人被与王子、圣人一样看待，不但不带任何怜悯，而且饶有兴趣，饱含尊敬。谈论死如谈论生一般地镇定"。《庄子》的语言充满了矛盾，从而使其文学与哲学交相融合的一体性特质得到了完美体现："天马行空的神思与脚踏实地的观察、在欢庆死亡的语言节奏中表现出最高强度的生命力，对语言轻而易举地驾驭与对语言不完备的轻视，不受挫伤的自信与无敌的怀疑精神"，其中的矛盾与冲突正展现了庄子作为一个作家的敏感，而这种敏感"同时带着他的哲学思想"。①

葛瑞汉对《渔父》的文学价值评价颇高，在分析《渔父》篇的虚构（fiction）特征时指出，在《庄子》的其他篇章里，虚构的故事与真正的轶事在形式上并没有显著的区别，人们在他的虚构的故事里，人物姓名、事件、地点、时间是向读者明示的。然而，《渔父》的情节却大

---

① A. C. Graham. *Chuang-tzu*：*The Seven Inner Chapters and Other Writings from the Book Chuang-tzu* ［M］. London：George Allen & Unwin, 1981：4.

为不同。①

　　故事中那个弃船上岸的主人公，无名无姓，很是神秘；根据故事的叙述，读者可以知道他从来没有听说过孔子，而且，对读者来说，似乎这也是初次知道有孔子的存在，从子路、子贡叙说中，得到这位圣人的有关信息。葛瑞汉分析认为，《渔父》从视觉、听觉两方面，在不同场景间进行描述转换，完成了由概括性叙述到场景性叙述的历史性跨越，因此，《渔父》是"一个文学的革新，有了场景的描写，开始向虚构文学（fiction）发展"②。

　　可以说，葛瑞汉译本跨越了横亘在这部无可比拟的中国经典中哲学与文学间的巨大差距，不仅为研究《庄子》哲学奠定了全新的基础，也为研究《庄子》文学提供了新的思维，如他对《庄子》篇章的重新编排、从文学发展史的角度洞察到《庄子》的"虚构文学"萌芽状态等，反映了西方学者重逻辑、重理性分析的特点，与国内传统研究中重文学本身的赏析具有不同的旨趣。

----

①　《渔父》原文：

　　　　孔子游于缁帷之林，休坐乎杏坛之上。弟子读书，孔子弦歌鼓琴。奏曲未半，有渔父者，下船而来，须眉交白，被发揄袂，行原以上，距陆而止，左手据膝，右手持颐以听。曲终而招贡子路，二人俱对。

　　　　客指孔子曰："彼何为者也？"子路对曰："鲁之君子也。"客问其族。子路对曰："族孔氏。"客曰："孔氏者何治也？"子路未应，子贡对曰："孔氏者，性服忠信；身行仁义，饰礼乐，选人伦，上以忠于世主，下以化于齐民，将以利天下。此孔氏之所治也。"又问曰："有土之君与？"子贡曰："非也。""侯王之佐与？"子贡曰："非也。"客乃笑而还，行言曰："仁则仁矣，恐不免其身；苦心劳形以危其真。呜呼，远哉其分于道也！"《渔父》

②　A. C. Graham. *Chuang-tzu*：*The Seven Inner Chapters and Other Writings from the Book Chuang-tzu* ［M］. London：George Allen & Unwin, 1981：28.

二、多视角的比较——梅维恒对《庄子》文学的解读

1994 年，梅维恒出版了《逍遥于道：庄子的早期道家寓言故事》①。译本包括译者前言、译本介绍、译者注释、译文正文、术语汇编、参考书目及省略不译的一小部分原文段落。其中，译本介绍又分七部分探讨庄子其人其书其思，蕴含着梅维恒在《庄子》研究，尤其是《庄子》文学研究方面的独到见解。梅维恒译本出版后得到读者的认可和欢迎，1998 年由夏威夷大学出版社再版发行。

在"译本介绍"之"《庄子》的重要性"一部分，梅维恒承认庄子其人其书在中国哲学中具有重要地位，但他更强调庄子作为一代文豪的影响和《庄子》崇高的文学地位。梅维恒认为，人们大多认为庄子是道教先师和哲学家，但庄子和道教并无多大关系，单纯地把庄子视为一位哲学家，是一个最严重的错误。人们更应当把庄子看作是大文豪和寓言家，相对于其哲学思想，庄子文学风格对中国文化的影响更大，而且比任何一个中国作家都大。因此，《庄子》更多的是一座文学宝库，而非一部哲学著作，《庄子》里的故事生动形象，引人入胜，"浑沌之死""庄周梦蝶"等就是这样的例子。故事中所蕴含的"自然""物化"等思想如果以平凡乏味的哲学说教方式来传达，就会无人问津。也就是说，《庄子》的文学美感唤起人们对庄子哲学的兴趣。在中国文学史上，《庄子》是个里程碑，它的文学价值远胜其哲学价值，不应对它进行过

---

① Victor H. Mair. trans. *Wandering on the Way*：*Early Taoist Tales and Parables of ChuangTzu* [M]．Honolulu：University of Hawaii Press，1994.

度的哲学分析。①

　　除了在总体上对《庄子》文学价值进行高度定位，梅维恒还从比较的视角分析《庄子》的文学特征。第一，是对《庄子》的文本内比较。梅维恒指出，《庄子》的文风多变，前后不一，各篇文章的文学质量也参差不齐，应当是出自多人之手。梅维恒对《天下篇》似乎情有独钟，在"译本介绍"的"历史语境""儒家与墨家"和"其他主要哲学思想"这三部分里，梅维恒认为，就学术研究来说，春秋战国是中国历史上最激动人心、最为活跃的时期，而《天下篇》也许是战国时期哲学争鸣"最好的、最权威的介绍"和"成就空前突出的文献资料及名副其实的文学杰作"。此外，梅维恒还对《庄子》中的书面文学与口语文学特点做了分析比较。他在译者注中指出，《庄子》深奥晦涩，就是中国人，也只有一小部分对古代汉语训练有素，善于把握其中深奥意义的读者才能读懂，因为古代汉语书面语与口语之间有着很大的差异，"难以驾驭"（refractory）、"不自然"（artificial）。《庄子》语言之于中国人，恰如柏拉图的《理想国》之于希腊人一样的距离遥远。同时，梅维恒对《庄子》里的韵文进行了分析，认为《庄子》主要是书面语，韵文的存在体现了庄子时代口头文学的特点，因为在中国早期文学作品中有一个普遍现象，即文学（书面文学）文本记录使用的基本是书面语，但常常会融进同时代口头文学的内容和形式，《庄子》即是如此。《庄子》中存在韵文的另一个原因是中国封建王朝时期对诗歌始终如一的爱好，这种爱好"甚至偏废了散文的发展……（使）中国散文不断受到诗歌韵律和结构的污染（pollute），常常几乎难以区分某

---

① 　Victor H. Mair. trans. *Wandering on the Way*: *Early Taoist Tales and Parables of ChuangTzu* ［M］. Honolulu : University of Hawaii Press, 1994: XIV.

一文本到底是诗歌还是散文"①。

第二，对《庄子》与《道德经》的风格比较。在"译本介绍"中关于"《庄子》与《老子》的联系"部分，梅维恒考察了两者著作的成书背景和过程，比较两者之间内容文体的异同和关联。他认为，老子不是某一个人，而是一个群体。他用了"老子们"或"诸位老子"（Old Masters）来做这个群体的称谓。"老子们"也许是战国时期比较活跃的哲学家中与庄子联系最紧密的一批先哲。《道德经》并非老子一人所作，也非完成于老子的时代。在春秋战国时代，庄子与老子（们）的关系最密切。庄子深为《道德经》思想所吸引，他的作品是老子思想论说的延伸隐喻与思考。但《道德经》与《庄子》的文风又有很大不同。前者为哲理诗体，高度浓缩，时而有韵，简洁易记；后者虽亦有韵文，但多为诗意散文，随感而发。前者是向圣贤致辞，主要面向统治者；而后者则面向世俗社会之外，是个人的哲学文集。后者的意义比前者更为确定，更为全面。如果说《道德经》是道家的快餐，而《庄子》更是道家的盛宴。文风上，《庄子》要远胜《道德经》。

第三，对《庄子》的跨文化比较。梅维恒研究《庄子》的进路之一是对其做跨文化的比较。早在1983年，梅维恒主编的《庄子试论集》（Experimental Essays on Chuang-tzu）就收录了来自不同专业领域之中西知名学者的庄学研究论文九篇②，探讨《庄子》的思想内容，其中包括他自己的"庄子和伊拉斯谟：类似的智慧"（Chuang-tzu and Eras-

---

① Victor H. Mair. trans. *Wandering on the Way: Early Taoist Tales and Parables of ChuangTzu* [M]. Honolulu: University of Hawaii Press, 1994: XLIX.

② Victor H. Mair. eds. *Experimental Essays on Chuang-tzu* [C]. Honolulu University of Hawaii Press, 1983: 85-100.

mus：Kindred Wits）一文。该文对庄子与伊拉斯谟、《庄子》与《愚人颂》进行比较研究，梅维恒指出，庄子与伊拉斯谟都是"游戏人"（homo ludens）的高手，以笔为剑，尽批评家之能事，嬉笑怒骂，皆成文章，令人拍案叫绝。两者都对古典文化推崇备至，而对达官贵人、三教九流、各式各样的人物进行了尖酸刻薄的挖苦嘲讽。《庄子》中种种怪人虽残废貌丑而得道甚高，可敬可爱，此等人物如同傀儡登场，怪状错落，几乎是以文为戏。而《愚人颂》则无情讽刺了上层社会（如教皇、僧侣、枢机主教、经院哲学家和贵族之类）的愚蠢、虚伪、自大、卑鄙、荒淫、残酷等不道德行径。他们道貌岸然，却精神腐朽，灵魂丑陋。两者都旨在弘扬人的自由意志，使人的个性得以自由发展。梅维恒还指出，由于时代背景与语言文化的不同，《庄子》与《愚人颂》当然也有差异。

在《庄子》译本中，梅维恒延续了将道家思想与外国思想进行对比的自觉意识。他对《庄子》超凡的想象力极为推崇，认为在中国文学中，"就想象性文学而言，在佛教的叙述和戏剧传统从印度和中亚传入之前，无书可比《庄子》"①。从印度传入中国的佛教与《庄子》产生了相互影响，如"真人之息以踵""熊经鸟申"等说法与印度的瑜伽呼吸法颇为接近。在比较研究中，梅维恒还对《庄子》中"儵""忽"的形象造型进行了分析，认为它们介于伊朗的神人和印度的圣人之间。庄子与惠施的"濠梁之辩"，与柏拉图著作中有关"芝诺悖论"的记载也有类似之处。梅维恒以其广阔的学术视野，对《庄子》的思想及其文学意象等进行多文化的比较，得出的结论是，庄子"不是一个

---

① Victor H. Mair. trans. *Wandering on the Way：Early Taoist Tales and Parables of ChuangTzu* [M] . Honolulu University of Hawaii Press, 1994：XLIV.

孤立的中国思想家，而是国内外长期互相滋润的一个令人难忘的产物"①。

　　梅维恒的庄子研究，突出强调了《庄子》的文学价值，其多视角、多维度的研究标志着西方学者已将《庄子》文学研究纳入更为宏大的背景之下，这也为国内学者研究《庄子》文学提供了有益的启迪，如关于《庄子》书面文学与口头文学关系的论述，便是此前国内研究未曾涉及的话题。

　　和翟理斯、华兹生一样，梅维恒在大量翻译中国文学作品的同时，也对整个中国文学史给予关注。2001 年，梅维恒主编的《哥伦比亚中国文学史》（The Columbia History of Chinese Literature）由哥伦比亚大学出版社出版，是西方汉学界公认的中国文学史经典读本，同时也受到国内学者高度评价，其汉译本于 2016 年由新星出版社出版。《哥伦比亚中国文学史》由四十多位作者共同完成，如其"序言"所说，该书要做的，"就是要将最新的学术成果聚拢在一个既体现时序性又具有主题性的框架中"。（What The Columbia History of Chinese Literature attempts to do is to weave together the latest findings of critical scholarship in a framework that is simultaneously chronological and topical. ）② 在导论部分，梅维恒评价庄子是道家思想的天才，其对中国文学的影响不可估量，庄子在后代作品中的回响不胜枚举，如贾谊的《鵩鸟赋》是作者和创作时间都可以确定的最早的骚体赋，该作品的四十四行中就有九行直接引自《庄

---

①　Victor H. Mair. trans. *Wandering on the Way：Early Taoist Tales and Parables of ChuangTzu* ［M］. Honolulu University of Hawaii Press，1994：XLIV.

②　Victor H. Mair. *The Columbia History of Chinese Literature* ［M］. New York：Columbia University Press，2001：xii.

子》。梅维恒指出，没有庄子，人们很难想象中国文学会呈现出怎样的面貌。在本书第一部分"基础"的第三章和第十章里，作者普鸣（Michael Puett）、鲍居隐（Judith Magee Boltz）又分别论述了《庄子》高度戏谑的写作风格、大张旗鼓地虚构讲述，以及《庄子》对汉传佛教、诗歌、绘画等方面的深刻影响。《哥伦比亚中国文学史》有关庄子的研究反映了西方汉学界对《庄子》文学的主流评价。

第三节 《庄子》寓言文学的多维度解读

在《庄子》里，寓言占了大量篇章，《寓言》篇中有一段被视为全书凡例的话："寓言十九，重言十七，卮言日出，和以天倪。"声言"寓言"占全书十分之九，目的在于"藉外论之"，以利读者接受。许慎《说文解字》中："寓，寄也。""寄，托也。"寓言是庄子哲学思想的载体，庄子大量使用寓言，把深奥玄妙的哲理与生动具体的形象融为一体。寓言亦是《庄子》一书的精髓，《庄子》的文学成就，亦主要是由这部书所运用的寓言形式取得的。清人刘熙载在《艺概·文概》中亦云："庄子寓真于诞，寓实于玄，于此见寓言之妙"，司马迁更肯定寓言对《庄子》文学价值，《史记·老庄申韩列传》称："其著书十余万言，大抵率寓言也。作《渔父》《盗跖》、《胠箧》，以诋訾孔子之徒，以明老子之术。《畏累虚》《亢桑子》之属，皆空语无事实。然善属书丽辞，指事类情，用剽剥儒墨，虽当世宿学不能自解免也。"

融思想性与文学性于一体的《庄子》寓言同样牵引着西方学者关注的目光。华兹生在其译本中说《庄子》寓言（imputed words）就是

"放入历史人物或者虚构的人物口中的言词，从而使得这些人物更加引人注目或更具说服力"①，赫尔曼（Herman）说"事实上，《庄子》是对道教教义的富有诗意的寓言呈现"②，相对于国内《庄子》寓言研究重在寓言形象分析、诸子寓言比较等，西方学者们的关注点主要在于《庄子》语言的生态价值，以及对具体寓言意义的条分缕析。

一、《庄子》寓言的生态学解读

随着当代生态思潮与文学的结合，从生态学的视角解读《庄子》成为当代西方庄学研究的热点之一。③ 长期关注于《庄子》的西方学者们发现，《庄子》"提供了最深刻、最雄辩的自然哲学，首次启发了人们的生态意识。为一个生态社会提供了真正的哲学基础，提供了古人与自然相处的途径和方法"④。由于《庄子》几乎通篇是寓言，西方学者们对庄子生态智慧的认知也主要是透过寓言解读而获得的。

《庄子》寓言题材广泛，有神话人物和普罗大众，更有广阔的自然万物，山水草木，鱼虫鸟兽。在庄子笔下，自然万物依照生态系统的运化规则，呈现出欣欣向荣的生命形态和生命世界，"当是时也，山无蹊隧，泽无舟梁；万物群生，连属其乡；禽兽成群，草木遂长"（《马蹄》）；而整个自然界又是平衡有序的，万物和谐并生、生机长存的总

---

① Burton Watson, *The Complete Works of Chuang Tzu* [M]. New York：Colimbia University Press, 1968：75.
② Jonathan R. Herman, *I and Tao：Martin Buber's Encounter With Chuang Tzu* [M]. Albany：State University of New York Press, 1996：108.
③ 何颖. 接受与变异——英语世界的《庄子》研究 [M]. 长春：吉林出版集团有限公司, 2013：108.
④ Peter Marshall. *Nature's Web：Rethinking Our Place on Earth* [M]. NY：Paragon House, 1992：413.

根源是"道","天地有大美而不言,四时有明法而不议,万物有成理而不说"(《知北游》);自然界的万物统一于大道之中,互相联系,彼此关照,"天地与我并生,而万物与我为一,既已为一,且得有言乎?"(《齐物论》)《庄子》已具备了一个完整而缜密的生态思想体系,加拿大学者培普尔(Jordan Paper)指出:"早在现代生态学产生的两千多年前,中国道家就大致勾勒出了生态系统的图像。"①

西方学者从《庄子》寓言中读出了与西方文化不同的人与自然的关系。美国汉学家迈克尔·拉法格(Michael Lafargue)指出,不同于西方人将自然与文化的相互对立,在以《庄子》为代表的中国道家文化中,自然是人类文化的一部分。《达生》中的寓言故事"梓庆削木为鐻"就是一个很好的说明。

> 当是时也,无公朝,其巧专而外骨消;然后入山林,观天性,形躯至矣,然后成见鐻,然后加手焉,不然则已。则以天合天,器之所以疑神者,其是与!

拉法格认为,梓庆的"观天性"既是"观木之天性",也是"观己之天性",即人将自我的美学认知投射到自然事物上,以人的自然迎合树的自然。此时的自然是主体内在心灵与外在对象和谐交融的外显,全然不同于西方人认知的客观的、外在与人的自然。②《庄子》也以此告

---

① Jordan Paper. *The Spirits Are Drunk*:*Comparative Approaches to Chinese Religion* [M]. Albany:State University of New York Press, 1995:8 – 12.

② Michael Lafargue. "Natrue" as Part of Human Culture in Daoism. James Miller, N. J. Girardot and Xiaogan Liu. eds. *Daoism and Ecology*:*Ways within a Cosmic Landscape* [C]. Cambridge:Harvard Press, 2001:45 – 59.

诚人类，人与环境是互为一体的，不要干涉、"矫正"自然，而是要尊重和顺应自然。

美国学者伯德威斯特（Joanne D. Birdwhistell）曾撰文对《庄子》寓言所蕴含的生态思想进行了系统的论述。①通过对《马蹄》和《天运》中的故事分析，阐述了《庄子》对人与自然和谐的追求。伯氏指出，《马蹄》篇所呈现的是中国古代一个"至德之世"（Perfect Virtue）的自然和谐美景，即乌托邦时期。在这个人类天性保留最完善的时代，生物的多样性得到了最大的保持，动物的价值得到了尊重，"四时得节，万物不伤，群生不夭"（《缮性》）；民风纯补，人与万物和谐相处。"是故禽兽可系羁而游，鸟鹊之巢可攀援而窥。夫至德之世，同与禽兽居，族与万物并。"（《马蹄》）然而，这个"至德之世"却因为圣人的出现而遭到毁灭，圣人所倡导的"仁""义"使得自然的和谐被分离和破坏。《天运》篇也同样表达了对圣人统治的批判。"三皇五帝"带来的不是秩序而是混乱："三皇五帝之治天下，名曰治之，而乱莫甚焉。三皇之知，上悖日月之明，下暌山川之精，中堕四时之施。其知惨于蛎虿之尾，鲜规之兽，莫得安其性命之情者，而犹自以为圣人，不可耻乎？其无耻也！"正是社会的人治，破坏了原始的、自然的、亲切的生活状态。而现代工业化发展对生态的严重破坏，也是与现代社会的统治方式对人的心灵的异化与改造有关，人们已背离了"顺物自然"。

伯德威斯特还通过《庄子》中《齐物论》《应帝王》和《秋水》中的故事分析，对人类中心主义予以反思和批判。《齐物论》借王倪之

① Joanne D. Birdwhistell. Ecological Questions for Daoist Thought: Contemporary Issues and Ancient Texts . James Miller, N. J. Girardot and Xiaogan Liu eds. *Daoism and Ecology: Ways within a Cosmic Landscape* [C]. Cambridge: Harvard Press, 2001: 23 - 44.

口指出，人、泥鳅、猿猴各自生活习惯不同；人、麋鹿、蜈蚣、猫头鹰和乌鸦各有自己喜欢吃的食物，各自有自己的求偶标准。那么，谁的生活习惯是符合标准的？谁的口味是合乎规范的呢？谁的审美标准是通行的？伯德威斯特认为，庄子意在说明，一切生命都有其自己的生活习性，每种生命形式只有依照其自然潜力才能繁衍生息，价值标准不是定于一处的；但人类总是习惯于把自己的标准当成唯一的标准，以此去框界万物，这实际上就是把每个生命个体从其适宜的生存习俗和环境里剥离出来，最终导致各种生命形式的消亡。《应帝王》也同样强调了万物皆有其赖以生存的自然本性，任何人类中心主义的企图只能以失败告终。接舆与肩吾的对话就是对此最好的说明，接舆评价统治者要求人们遵守他制定的法规制度："是欺德也。其于治天下也，犹涉海凿河而使蚊负山也。"同样，《秋水》中坎井之蛙与东海之鳖的对话再次提醒人们，万物（包括人类自身）都是从自己的角度看待问题，都具有一定的局限性，只有将他物置于思考的中心，才能看到自身视角的有限性。伯德威斯特进一步分析指出，《庄子》所强调的是，人类的知识皆源于自我利益的、人事为主的视角，这样的观点就不可能是中立的；因此，人类需要保持心胸的开豁，不要让自然依从人意，人与自然应该是在生命意义上的平等对话关系。

随着西方生态学研究的深入，学者们又发展出了深层生态学理论。深层生态学的核心观念就是承认各种生命形式在生态系统中都有发挥其正常功能的权利，也即该理论奠基人阿兰·纳斯（Arne Naess）所说的"生存和繁荣的平等权利"。纳斯坦承"中国的道教是深层生态学的根本，其中蕴含着许多深层生态学原理"①。也正因为如此，《庄子》寓言成为当代西方学者挖掘深层生态学思想资源的宝藏。《胠箧》中说："昔者容成氏、大庭氏、伯皇氏、中央氏、栗陆氏、骊畜氏、轩辕氏、赫胥氏、尊卢氏、祝融氏、伏牺氏、神农氏，当是时也，民结绳而用之，甘其食，美其服，乐其俗，安其居，邻国相望，鸡狗之音相闻，民至老死而不相往来。若此之时，则至治已。"罗纳德·恩哥尔（Ronald Engel）对此评论道："'道'之无为被理解为不采取任何外在的过激行为。庄子欣赏的熟练工匠多遵从'天人合一'的道家理想，《庄子》蕴含着复杂而恰当的环境观……绿色运动应该向古代文明学习。"②

澳大利亚哲学家塞尔万（Richard Sylvan）和本尼特（David Bennett）深信"《庄子》与深层生态理论相互间有直接的关联"，并大量引用《庄子》中的寓言故事来加以说明。③他们认为，《齐物论》向读者展示了一个自然和谐的生态图景：生命在循环反复，"方生方死，方死方生"；人籁、天籁、地籁充斥天地，"前者唱于而随者唱喁。冷风则小和，飘风则大和，厉风济则众窍为虚"。但这样一幅和谐的原始主义画面，随着人为因素的增加而消退，《应帝王》里的"浑沌寓言"就是一个富有警示意义的生态故事，在浑沌身上凿洞隐喻了人对自然世界的改造，最终导致自然的毁灭。《秋水》中北海若针对"何谓天？何谓人？"的回答："牛马四足，是谓天；落马首，穿牛鼻，是谓人"、《至

① Paula K. Sampson. *Deep Christianity*: *Land*, *Liturgy and Other Environmental Virtue Ethics in Northwestern British Columbia* [M]. Berkeley: University of California Press, 1999: 14.

② J Ronald Engel, Joan Gibbs. eds. *Ethics of Environment and Development*: *Global Challenge*, *International Response* [C]. Tucson: University of Arizona Press, 1991: 230.

③ Richard Sylvan, David Bennett . Taoism and Deep Ecology [J]. *The Ecologist*, 1988 (18): 148 - 155.

乐》提出的"以鸟养养鸟",都体现了《庄子》对人为的否定和批判。人类被无法满足的欲望牵引着,以各种手段干涉、扭曲万物的自然本性,把它们变成人的工具和财产。通过对上述寓言的分析,塞尔万和本内特认为,道家哲学与西方哲学在深层生态学上具有通约性,两者均重视整体观照、倡导万物平等。

此外,海外学者还从动物研究的视角分析《庄子》,使其生态学意义获得更深入的阐发。早在 1980 年,美国新墨西哥大学哲学教授罗素·古德曼(Russell Goodman)就提醒人们注意《庄子》寓言中所描述的动物之于"道"的意义,① 他以《大宗师》中"虫臂鼠肝"的寓言来说明这一点,造物主造物赋形,变化无定,人亦可以成为微不足道的虫臂鼠肝,只有随缘而化,才能所遇皆适。《庄子》是在告诫人类,没有理由将自己与其他生物区别开来,人类在整个生物圈中并不享有至尊的地位,人类只是成千上万个物种中的一个,人们要心存谦卑,警惕自己的野心或优越感,要与自然平等和谐。英国学者欧文·戈赫(Irving Goh)也从动物研究的立场分析《庄子》寓言动物的意义。②在戈赫看来,《庄子》中的动物为人们提供了一个反观人类社会的独特视角,它们不再是普通修辞学意义上的隐喻,因为隐喻是用人类熟悉的认知框架来理解外来的陌生异物,其本质上是人类中心主义的。而庄子是让我们放弃人类中心,学会从动物视角观察和理解世界。《庄子》开篇即描绘出一幅由自主性驱动的动物世界:"北冥有鱼,其名为鲲。"(《逍遥游》)鲲变鹏,鹏变云,云变水,鲲鹏之变是自发的,不需要人类的设

---

① Russell Goodman. Daoism and Ecology [J]. *Environmental Ethics*, 1980 (2): 79 – 80.
② Irving Goh. Chuang Tzu's Becoming Animal [J]. *Philosophy East and West*, 2011 (61): 110 – 133.

计与参与;《庄子》书里其他陆续登场的动物,也展示了自组织世界的和谐美好。不仅动物的世界不需要人的介入,《庄子》里的动物梦还表明,人与动物界的隔离是人类中心思维下的结果,是虚幻不实的。庄子的蝴蝶可与人相互转化,庄子对"曳尾于涂中"的乌龟心向往之,这些都在试图说明,"道"不只向人类敞开,它也向其他存在物中显现,并在其他存在物中显现。庄子在努力重建人与动物间的联系,通过消除边界实现万物融合。

《庄子》出现在 2000 多年前的东方中国,生态学发端于现代的西方,但学者们发现,尽管在具体表述上有所不同,《庄子》生态伦理思想的精神实质与当代生态学是相通的,而且,《庄子》对生态在环境中的地位和作用阐释得更为详细生动。

二、《庄子》寓言故事的意义解析

《庄子》寓言故事集中体现了庄子的思想。西方学者们从《庄子》寓言——尤其是代表性寓言——意义解析入手,发表自己对《庄子》的认识和见解。

(一)爱莲心解析"庄周梦蝶"

> 昔者庄周梦为蝴蝶,栩栩然蝴蝶也,自喻适志与,不知周也。俄然觉,则蘧蘧然周也。不知周之梦为蝴蝶与,蝴蝶之梦为周与?周与蝴蝶,则必有分矣。此之谓物化。(《齐物论》)

"庄周梦蝶"是《庄子》一书中最著名的一个寓言,因其包含"化"的观念而成为了解庄子思想的重要路径,阐释者甚众。在英语世界里，美国汉学家爱莲心对庄子"蝴蝶梦"研究颇具代表性。爱莲心（Robert Allinson）是西方汉学界研究著名治庄学者，其最著名的作品是《向往心灵转化的庄子：内篇分析》（*Chuang-tzu for Spiritual Transformation：An Analysis of Inner Chapter*），该书在美国出版后，又被译成中文、韩文，不仅对西方《庄子》研究产生影响，也引发亚洲相关学者的广泛关注。本书可看作是爱莲心对《庄子》的系统理解，爱莲心认为《庄子》的主题就是心灵转化，"《庄子》原文的主要目的在于促进和描绘心灵转化"①，心灵转化不同于宗教转化，它是以一种经历个人体验后获得的人性和观念的转变，是所有人都适用的，不依赖于对神秘的真理的特殊解释；心灵转化也不同于哲学阐释，它更多的是一种顿悟和惊醒，而不需要合乎逻辑的演绎。理解庄子的"蝴蝶梦"是理解庄子心灵转化的一个切入口，"蝴蝶梦大概是《庄子》现存文本中最有名的单个故事，迄今为止它在用以解读《庄子》时可能也最具影响力"②；"《庄子》中有一个非常核心的意象——蝴蝶，它是美的象征，也同时是转化的象征。蝴蝶实际能够被视为出类拔萃的转化意象"③。《庄子》贯穿全书的主题是心灵转化，而蝴蝶则是转化的原型。

爱莲心分析了庄周梦蝶的故事，认为庄子在书中选择蝴蝶这个隐喻，并非偶然，因为"蝴蝶是美的象征"④，蝴蝶的"美"及其引发的

---

① Robert Allinson. *Chuang-tzu for Spiritual Transformation：An Analysis of Inner Chapter* [M]. Albany：State University of New York Press, 1989：8.

② Robert Allinson. *Chuang-tzu for Spiritual Transformation：An Analysis of Inner Chapter* [M]. Albany：State University of New York Press, 1989：71.

③ Robert Allinson. *Chuang-tzu for Spiritual Transformation：An Analysis of Inner Chapter* [M]. Albany：State University of New York Press, 1989：71.

④ Robert Allinson. *Chuang-tzu for Spiritual Transformation：An Analysis of Inner Chapter* [M]. Albany：State University of New York Press, 1989：72.

美的联想都属于自然生成，而非刻意呈现，这就能使"美"保持在本真或者说"朴"的状态。除了具有美的功效外，"蝴蝶不仅是变形（metamorphosis）的意象，也是变形的原型"①，爱莲心对此的解释是，由蛹到蝶的变形，是一种由丑到美的转化，由陈旧向新生的转化，由低级向高级的转化，它"是一种神话式理想的实现，仿佛青蛙变王子、丑小鸭变白天鹅、灰姑娘变王后"。爱莲心还特别强调了这种转化的自我实现能力，"蛹转型为蝴蝶必须蜕掉原有的皮，表明仅有旧事物让位于新事物时转型才会实现，且这种转型属于内部变化，不需要任何外在媒介"。"这是一个强有力的形象化比喻，因为它预示着《庄子》的中心思想。你必须蜕去陈旧的自我的观念，然后你才能获得一个新的自我。事实上，蜕去旧的自我的过程，也正是取得新的自我的过程。"②

　　作为一名西方学者，爱莲心对"庄周梦蝶"的解读也带有明显的西方学术传统和思维方式的烙印。如他对转化的阐释，用到了"青蛙"与"王子"，"丑小鸭"与"白天鹅"，"灰姑娘"与"王后"，"下级"与"上级"，"陈旧"与"新生"，"爬行"与"飞行"等，都体现出明显的二元对立的思维和进化论的思想。而更引人瞩目的是，基于对逻辑合理性的诉求，他对现行的"庄周梦蝶"的文本顺序进行了调整：

　　　　昔者庄周梦为蝴蝶，栩栩然蝴蝶也，自喻适志与，不知周也。不知周之梦为蝴蝶与，蝴蝶之梦为周与？俄然觉，则蘧蘧

---

① Robert Allinson. *Chuang-tzu for Spiritual Transformation*：*An Analysis of Inner Chapter* [M]．Albany：State University of New York Press，1989：72.

② Robert Allinson. *Chuang-tzu for Spiritual Transformation*：*An Analysis of Inner Chapter* [M]．Albany：State University of New York Press，1989：75.

然周也。周与蝴蝶，则必有分矣。此之谓物化。(《齐物论》)

在爱莲心的逻辑中，由梦至醒是由不清醒至清醒的变化，现行版本中"不知周之梦为蝴蝶与，蝴蝶之梦为周与"的发问是庄子在梦中做出的。爱莲心大胆推论，庄子醒来后，已明确意识到自己是庄周，就不会再有这样的发问，而是很清楚庄周与蝴蝶是"有分"的。

(二)吉拉道特解析"浑沌之死"

《应帝王》文末的"浑沌之死"是《庄子》中另一个广为人知的寓言故事，"浑沌"是《庄子》书中重要的理论意象和文学意象，除"浑沌之死"寓言外，《在宥》和《天地》篇中也明确提到了"浑沌"。此外，《庄子》里的鸿蒙、象罔也是"浑沌"的变体。一直以来，国内庄学研究者对怎样理解"浑沌"这一意象和"浑沌之死"这一寓言的含义，倾注了阐释热情，广为接受的观点是，"浑沌"是万物之母，是自然无为的道的象征。陈鼓应认为，庄子以"浑沌之死"的寓言说明帝王"有为"的危害，把自己的标准强加于人，即便是出于善意，也可能产生相反的结果。人类的自我中心，一直在损毁地球的生命。浑浑默默的"浑沌"也吸引着不少西方汉学家，提出了各自的看法，如以研究中国科技思想史而闻名的英国汉学家李约瑟(J. Needham)，把"浑沌"看作是一个社会政治哲学概念，它指向一种"未分化的""混同的"的理想社会状态，"浑沌"七窍之开凿象征着社会阶层的分化、私有财产的出现和封建制度的形成，"浑沌之死"意味着原始的集体主义形态的社会形态的终结。① 美国汉学家、夏威夷大学哲学系教授安乐

---

① 李约瑟. 中国科学技术史(第二卷)[M]. 何兆武，等译. 上海：上海古籍出版社，1990：129.

哲（R. Ames）以比较哲学的视角，把"浑沌"解读为"没有条理化的整体的自然"，或"所有的条理的不连贯的总和"。"浑沌之死"故事中的"倏"和"忽"喻示致力于剖析的"自我"，这样，"倏"和"忽"为"浑沌"开七窍，象征的就是执着于剖析的"自我"毁灭了"没有条理化的整体的自然"。①

　　而美国汉学家吉拉道特（N. J. Girardot）对"浑沌之死"的神话哲学解读，也许更清晰地体现出西方文化传统对庄学研究的影响。"创世"观念对西方文化的发展具有深刻的影响，长期从事比较宗教学研究的吉拉道特便把西方"创世"思维延伸到庄子研究中。吉拉道特批评和修正了李约瑟对"浑沌之死"的社会政治视角的解读，认为"浑沌"是一个重要的神话意象，它涵蕴着比社会政治更为复杂的象征意义，李约瑟的观点忽略或低估了"浑沌"这一神话意象和象征主题的宗教蕴涵。在其所著的《早期道家的神话与意义》（Myth and Meaning in Early Taoism）一书中，吉拉道特明确指出，《庄子》里"浑沌之死"的寓言是一个关于创世的神话。有些学者研究认为，古代中国世界观与其他文明传统不同，是由于中国文化中没有创世神话，吉拉道特则认为，早期道家思想和表达都是神话的，浑沌说和宇宙卵创世、葫芦创世、原始父母创世神话一起，构成道家神话系统的一部分。中国传统文化宇宙观有异于其他文明传统，源于中国人对创世神话的解读方式不同、对"浑沌"的不同态度。吉拉道特对"浑沌"创世做了如下解读：这个故事是宇宙创生景象的象征性重演。其中，中央之帝的"浑沌"代表的是万物创生之前的状态，南海之帝"倏"、北海之帝"忽"，分

---

① 安乐哲. 自我的圆成——中西互镜下的古典儒学与道家 [M]. 彭国翔，编译. 石家庄：河北人民出版社，2006：369.

别象征着阴阳二分的创生动力。当"倏""忽"和"浑沌"三者相遇时，类似于《老子》所说"一生二，二生三，三生万物"的过程，三者通过结合而重返初始状态的"一"，万物由此创生。其后，"倏"和"忽"为报答"浑沌"，决定为其开通七窍，"日凿一窍，七日而浑沌死"，这里的"七日"暗示着创世的时间，"浑沌"的死亡象征着人类从原始天堂堕落到文明世界，人从此失去了在天堂那段时光中所具有的神性状态："天堂那段时光也就是人类文明发生前的浑沌世界，即宇宙创生时的最初状态。作为文化英雄的倏与忽的失误在于，过分相信人类文明的价值，并且用人类文明的价值顶替浑沌的、自然的、最初的文化，结果导致了人之神性的丧失。而庄子希望"经历七阶段绝圣去知的神秘冥想仪式，象征着与浑沌之死的相反过程，在这一进程中，精神和形体得以重新组合。……人重新经历浑沌之帝的浑沌状态也就有了可能性。"①

吉拉道特还比较了《庄子》文本中"浑沌"和"乱"的区别，以更好地说明"浑沌"的含义。②他认为，"浑沌"是道家创世神话系统所描绘的宇宙始源状态，象征着万物的本原，"浑沌"状态中的一切都是和谐的，而且，"浑沌"是上古时代确曾出现过的、真正合乎"道"的理想秩序。而"乱"则不具备自然原初的属性，它是由儒家文化倡导的仁义礼法而造成的，"乱"是社会的无序衰败，是个人的堕落。道家和庄子向往着社会和个体生命能复归到原初理想的"浑沌"状态，

---

① N. J. Girardot. *Myth and Meaning in Early Taoism* ［M］. Berkeley and Los Angeles：University of California Press, 1983：98.

② N. J. Girardot. Chaotic "Order"（hun-tun）and Benevolent "Disorder"（luan）in the "Chuang Tzu"［J］. *Philosophy East and West*. 1978（3）：299－321.

但对儒家来说，这种复归却意味着"乱"，"浑沌"意味着未开化，是华夏文明之外的野蛮和混乱。吉拉道特由此分析指出，早期道家和儒家思想观念相互对立，道家推崇本真的原始，儒家倡导文化的进步；道家强调自然，儒家强调文化，这些都与两家对于"浑沌"和"乱"的不同理解密切相关。吉拉道特对"浑沌"复杂含义的揭示体现了其非凡的学术洞见，对发掘《庄子》思想的多层蕴涵具有启发作用。

（三）梅勒解析"得鱼忘筌"

德裔汉学家汉斯－乔治·梅勒（Hans-Georg Moeller）是对中国古代哲学颇有研究的学者，出版英文、德文专著十余部，其中专门阐释《庄子》的就有：《解释道家：从庄周梦蝶到渔网寓言》（Daoism Explained：From the Dream of the Butterfly to the Fishnet Allegory，2004 年）、《游心之路——〈庄子〉与现代西方哲学》（Genuine Pretending：on the Philosophy of Zhuangzi，2017）等。梅勒对《庄子》里的幽默、仿拟、双关、矛盾修辞法等语言表现手法非常重视，从中探析庄子哲学思想。"得鱼忘筌"是梅勒常常提及的一个寓言，他称这个寓言为"渔网寓言"（fishnet allegory），把它用在自己著作的书名中，还专门撰文分析该寓言的意义。①

　　　荃者所以在鱼，得鱼而忘荃；蹄者所以在兔，得兔而忘蹄；言者所以在意，得意而忘言。吾安得夫忘言之人而与之言哉！《外物》

---

① Hans－Georg Moeller. Zhuangzi's Fishnet Allegory：A Text－Critical Analysis［J］. *Journal of Chinese Philosophy*. 2000（4）：489－502.

对不少中外研究者而言，这一寓言都是庄子语言观的宣示。陈鼓应在《庄子今注今译》里对"得鱼忘筌"的解释是：

> 鱼筌是用来捕鱼的，捕到鱼便忘了鱼筌；兔网是用来捉兔的，捉到兔便忘了兔网；语言是用来表达意义的，把握了意义便忘了语言。我哪里能够遇到忘言的人来和他谈论呢？①

梅勒首先就人们对该寓言的常规性解释进行梳理：捕到了鱼或打到了猎物，捕鱼或打猎的工具就不再重要；一旦传递完信息，言词就不再重要。也即，人们的精力总是集中在想要的事物上而不是工具上，工具一旦实现了其使用的目的，就不再重要了。如捕鱼时，重要的是渔具能捕到鱼，打猎时，重要的是兔网能捕到兔。以此类推，在语言运用方面，重要的是知道语词的含义。梅勒据此总结出人们对"得鱼忘筌"的标准解释：语言所表达的思想，即语言的"真正意义"，是至关重要的；而用以表述思想的具体言词则是可有可无的载体，也即，在言与意的关系上，意比言重要，或者说，语言的所指比能指重要。

但在梅勒看来，这样的言意关系并非是"得鱼忘筌"的真正意义，庄子想要表达的是：人们要忘记的不仅仅是词语，而且还包括该词语所蕴含的意义或意图。该寓言中的"得意"是个双关表达，它不再是表面所指的"获得意义"或"实现意图"，而是指"没有获得意义"或"没有实现意图"。梅勒考察"意"字在《庄子》中的应用，发现"意"在《庄子》里出现了 50 多次，当它表示"意义""意图"或

---

① 陈鼓应. 庄子今注今译 [M]. 北京：中华书局，1983：833.

"思想"时，其含义往往都是否定的，最典型的如《秋水》一段话：

> 夫精粗者，期于有形者也；无形者，数之所不能分也；不可围者，数之所不能穷也。可以言论者，物之粗也；可以意致者，物之精也；言之所不能论，意之所不能察致者，不期精粗焉。……闻曰："道人不闻，至德不得，大人无己。"约分之至也。

梅勒认为，庄子所说的"无形者""不可围者"和"不期精粗"之物，就是"道"。"道"是无法用语言来表达的，也是无法用某种思想、意图去把握的；若要得"道"，就必须完全"忘记"言词及其意义或思想。梅勒认为他的解释与郭象观点是一致的，郭象在《庄子集成》中评论"得鱼忘筌"时说："至于两圣无意，乃都无所言也。"在郭象看来，一旦人们去除了意义或意图（想法），就能够达到"忘言"的目标。庄子的"得意"是苏格拉底式的"矛盾修辞法"（oxymoron），一旦得到想要的（"得意"），也就没有了意欲（"无意"）；圣人一旦忘记了言词，也就同时忘记了意义或放弃了意图想法，道家的得，就是由失而得（Daoist gain, is gain by loss.）。所以，梅勒认为"得鱼忘筌"的最后一句话应该理解为——"我怎么可能与一个忘言之人交谈？"在这一解释框架下，"忘言之人"既不受诸如筌、蹄等各种语言条件的限制，也超越对意义或意图的追索，暗合了《庄子》所描绘的"至德不得""大人无己"的境界。

第四节　西方文学创作中的《庄子》

　　《庄子》的文学成就为世人所公认，不仅受到西方文学研究领域的关注，也对西方文学创作本身产生影响，一些西方作家把对《庄子》的理解直接体现在其文学作品中，《庄子》元素成为他们创作的一大特色。王尔德、尤金·奥尼尔、博尔赫斯，等等，这些西方文学世界中里程碑式的作家，都堪称是《庄子》文学的西方知音。

一、王尔德对《庄子》的解读与回应

　　奥斯卡·王尔德（Oscar Wilde，1854—1900），是 19 世纪英国作家、评论家和美学家，唯美主义"为艺术而艺术"理论的倡导者与创作实践者。19 世纪晚期的英国社会，在享受资本主义制度带来的物质文明的同时，也承受着传统价值观念逐步瓦解的精神断裂，社会生活充盈着不公、自私和虚伪，和当时的很多知识分子一样，王尔德对社会现实极度不满，希望找到新的心灵出路："在这动荡和纷乱的时代，在这纷争和绝望的可怕时刻，只有美的无忧天堂，可以使人忘却，使人欢乐。"①恰在此时，对中国文化早就向往的王尔德邂逅了《庄子》。在以极大的热情阅读了翟里斯的《庄子》译本后，王尔德于 1890 年 2 月在英国《言论家》（The Speaker）杂志上发表了题为"一位中国哲人"（A Chinese Sage）的书评，文章推崇庄子是一位"了不起的哲人"，盛赞

---

　　① 王尔德. 王尔德全集：第 4 卷［C］. 杨东霞，等译. 北京：人民文学出版社，2000：27.

《庄子》是"令人着迷和愉悦的书"①。从此,《庄子》思想成为王尔德倡导唯美主义艺术观的理论资源,他的一些社会批评与文艺批评观念借此得以形成,他的文学创作实践同样留下了庄子的烙印。

首先,王尔德极力推崇庄子的无为哲学,对 19 世纪末盛行于英国社会的功利主义和政府行为展开了猛烈地抨击。《庄子》主张顺应自然,涤除人为,做一个静观宇宙的"至人"。在庄子看来,任何形式的统治都会对人的本然天性造成伤害,"钩绳规矩"不顺乎人性,造成人生的"撊饰之患",他主张人民应当自然、自由、自主地生活。王尔德的社会批判表现出相同的理路:"自然的秩序是休息、重复和安宁。厌倦与战争是建立在资本基础上的人为社会的结果。"② 国家的治理错误、社会的混乱都是起因于各种人为,"它们(指人为)是不科学的,因为它们试图改变人类的天然环境;它们是不道德的,因为通过干扰个人,它们制造了最富侵略性的自私自利。它们是无知的,因为它试图推广教育;它们是自我表现毁灭的,因为它们制造混乱"③,而随后出现的政府和慈善家就是"两种时代的瘟疫",因为政府强以制度,让人行善,其结果是破坏了人天生的善良。而慈善家过分积极、好管闲事,他们的矫造同样悖逆人类纯朴自然的本性。人只有顺乎自然,与自然和谐相处,才能得到智慧。王尔德眼中的"至人"是这样的:"没有一样物质的、没有一样精神的东西能够使他感到痛苦。他的心智的平衡使他获得

---

① 王尔德. 王尔德全集: 第 4 卷 [C]. 杨东霞, 等译. 北京: 人民文学出版社, 2000: 278.

② 王尔德. 王尔德全集: 第 4 卷 [C]. 杨东霞, 等译. 北京: 人民文学出版社, 2000: 278.

③ 王尔德. 王尔德全集: 第 4 卷 [C]. 杨东霞, 等译. 北京: 人民文学出版社, 2000: 431.

了世界的帝国。他从来不是客观存在的奴隶。他在无为中休息，静观这个世界自然地为善。……他的心是'天地之鉴'，永远处于宁静之中。"①而这种自我修养、自我完善的最大敌人就是人为干预，在《社会主义制度下人的灵魂》一文里，王尔德声称在人的生命里，"有三类暴政：一是对身体施暴，二是对灵魂施暴，三是对身体和灵魂同时施暴。第一类是指君主，第二类是指罗马教皇，第三类则是人类自身"（There are three kinds of despots. There is the despot who tyrannises over the body. There is the despot who tyrannises over the soul. There is the despot who tyrannises over the soul and body alike. The first is called the Prince. The second is called the Pope. The third is called the People. ）②。在庄子无为精神的映照下，王尔德认为现代人的所作所为实在可悲可叹，"在一个像我们这样的时代，多数人都急着教育自己的邻居，以致没有时间教育自己，他们也许真的需要一点这样的理想"，还特别希望英国人"在喜欢自吹自擂的习惯上自制一点"。③

其次，王尔德将庄子哲学意义上的终极追寻拿来审视文学，将"无为"思想运用到文艺批评上，反对艺术的现实功利性，主张用艺术之"美"抗衡现实之"丑"，并宣告艺术不受道德约束，王尔德以此表达对当时英国社会各种虚伪的道德说教的痛恨和抗议。1891年，王尔德在《评论双周刊》（The Fortnightly Review）上发表了《作为艺术家

---

① 王尔德. 王尔德全集：第4卷［C］. 杨东霞，等译. 北京：人民文学出版社，2000：278.

② Oscar Wilde. *Complete Works of Oscar Wilde*［M］. Merln Holland. ed. Glasgow：Harper Collins，1994：1181.

③ 王尔德. 王尔德全集（第4卷）［C］. 杨东霞，等译. 北京：中国文学出版社，2000：278.

的评论者》（The Critic as Artist）一文，该文的两个副标题鲜明地表达出了他所追求的艺术境界："论无为而为的重要性""论无所不谈的重要性"。文中，王尔德借助吉尔伯特与厄纳斯特两人的对话，说明"无为而无不为才是世界上最艰难而又最聪明的事。对热爱智慧的柏拉图而言，这是最高贵的事业形式；对热爱知识的亚里士多德而言，这也是最高贵的事业形式""我们活着，就是要无为而为""行动是有限和相对的，而安逸地闲坐和观察的人们的想象、在孤独与梦境中行走的人们的想象才是无限的和绝对的"。① 王尔德对思想和艺术的最高境界"无为"的思考，俨然是庄子所追求的"涤除玄览""澄怀静观"境界的西方叙述。

那么，艺术家或作家又如何通过"无为"实现艺术创作呢？《庄子》依然是解决这一问题的锁钥。庄子悟道，与其说是在陈述事理，毋宁说是表达一种心灵的境界。悟道本质上是一种主观情意活动。王尔德在"作为艺术家的批评家"里特别指出，艺术创作中的主观性是无所不在的，作家无法超越自身而进行创作，艺术作品也无法排除创造者的，一部作品越是显得客观，实际上就越是主观，这就是文学创作中的"无为而为"。莎士比亚之所以伟大，就是"因为他在戏剧中从未向我们诉说他自己，他的戏剧才把他向我们表现得一览无余，并向我们显示他的本性和禀赋"②。王尔德想说的是，艺术创作上的"无为"，即是艺术应当成为绝对个人主义式的自由表达。而在这种情况下，所有的人

---

① 王尔德. 王尔德全集：第4卷［C］. 杨东霞，等译. 北京：人民文学出版社，2000：431.
② 王尔德. 王尔德全集：第4卷［C］. 杨东霞，等译. 北京：人民文学出版社，2000：440 - 441.

又有可能成为艺术家，而且是自己生活的艺术家。在王尔德看来，"具备这种无为精神的人能够洞察世界的奥秘，通过接触神圣的事物，自己也变得神圣起来，这样的生活将是最完美的"①。

　　作为一名作家，王尔德的文学作品中同样表现出与《庄子》的亲缘关系。庄子认为世间万物皆源于"道"的运动变化，事物之间的任何界限和区别都是相对的，都归依于"道"，相通于"道"，所谓"恢诡谲怪，道通为一"，生死、美丑、是非、大小、高低、贵贱都是相对的，都在某种程度上相"齐"。受庄子齐生死、齐万物思想的影响，在王尔德艺术创作中，生死、灵肉、美丑、是非、真假都是相对的、可变的，没有绝对的判断标准，各种元素共同服务于艺术创造，以追求永恒的美。传奇小说《道连·葛雷的画像》（The Picture of Dorian Gray）被看作是王尔德唯美主义艺术观的宣言书，他在小说前言中写道："邪恶和美德是艺术家艺术创作的素材……艺术家是美的作品的创造者。"② 在西方传统观念里，灵与肉的关系是支配与被支配的关系，即灵魂支配肉体、灵魂是第一性的、肉体是第二性的。《道连·葛雷的画像》则颠覆了这一传统思想，所造了一种灵与肉相互依存、相互影响的新型艺术形象。小说中的道连（Dorian）是一个俊美、善良、单纯的贵族青年，在看到画家贝泽尔·霍尔德（Basil Hallward）为他画的肖像后，他被画中俊美的自己深深地吸引，但在亨利勋爵的开导下，他意识到自己终有一天会容颜衰老，变成一个丑八怪。在恐惧与不甘中，他许下了一个荒唐

---

① 王尔德. 王尔德全集：第 4 卷［C］. 杨东霞，等译. 北京：人民文学出版社，2000：460.

② 王尔德. 王尔德全集：第 4 卷［C］. 杨东霞，等译. 北京：人民文学出版社，2000：116.

的诺言——"要是倒过来该多好！如果我能够永葆青春，而让这幅画像去变老，要什么我都给！是的，任何代价我都愿意付！我愿意拿我的灵魂还青春！"从此，生活中的道连放肆追求美感与刺激：抛弃初恋情人、杀死了画家贝泽尔、吸毒，找女人……画像承载了他相貌的日渐丑陋。故事的最后，感到了绝望的道连终于对自己的灵魂进行了反思，"正是他的美貌毁了他，正是他祈求得来的美貌和青春葬送了他"，在对画像的极度厌恶和恐惧中，道连拿起曾经杀死画家的匕首刺向画像，一声惨叫，倒在地上的却是他自己，"他形容枯槁、皮肤皱缩、面目可憎"，而挂在墙上的那副肖像却仍然"容光焕发，洋溢着奇妙的青春和罕见的美"。王尔德以此宣示艺术和美的永恒至上。同样，在《温德米尔夫人的扇子》（Lady Windermere's Fan）里，王尔德透过对剧中重要角色何莲太太（Mrs. Erlynne）的形象塑造，表现出人性的多重特点及其交替转化的动态性。被大家公认为是卑鄙、下贱坏女人的何莲太太，在关键时刻却能挺身而出，舍己为人。剧中女主人公温德米尔夫人（Lady Windermere）与其丈夫在关于何莲太太到底是好人还是坏人的问题上争论不休。这让读者感悟到，事物的好坏区分都是人为设定的，不同的人对同一人或物有着完全不同的主观标准，而这一标准还会因时因地在不停地变化。王尔德所做的就是把美与丑、善与恶、真与假等对立元素糅合为统一的艺术载体。艺术即是王尔德的"道"。

　　如前所述，王尔德对庄子的"无为"思想情有独钟，在文学创作中，他把庄子的"无为而为"思想理解为一种逍遥驰骋的人生态度，并把这种理想投射到其作品的人物塑造中。王尔德几部社会喜剧里的主人公都是游手好闲的花花公子，一方面，他们明事达理，一方面却又玩世不恭，被批评家们称为"唯美的纨绔子"（dandy-aesthete）。① 《一个无足轻重的女人》（A Woman of No Importance）中的主人公伊林沃兹勋爵（Lord Illingworth），追求时尚，追求享乐，为了独身逍遥的自由，拒绝婚姻和家庭。在他看来，生活就是一场虚无浑沌的游戏，游戏人生便是他的生活目的。在《一个理想的丈夫》（An Ideal Husband）中，王尔德这样描述主人公戈林公爵（Lord Goring）："34 岁，但是他总是把自己的岁数报得更小点……他极聪明，但人们不易看出这一点。一位十足的纨绔，却反感别人说他浪漫。他游戏人生，和这个世界左右逢源。他喜欢别人误解他，那样他才显得有优势。"《认真为上》（The Importance of Being Earnest）被认为是王尔德最出色的喜剧，剧中的两个浪荡公子可谓是王尔德倡导的"生活模仿艺术"的典范。生活在城市的亚吉能（Algernon）和生活在乡村杰克（Jack）因不满于日常单调乏味的生活，各自捏造了一个假名，亚吉能化名邦伯里（Bunbury）去乡下游玩，杰克化名厄纳斯特（Ernest）进城里取乐，但亚吉能有一次也化名厄纳斯特去乡下，两个女子分别爱上了两个化名的厄纳斯特。王尔德集讽刺、幽默和夸张于一个命名"Earnest"，它与普通的形容词"earnest"（真诚、严肃、认真）同音双关。两位姑娘爱上厄纳斯特是因为"这名字绝对让人放心"（There is something in that name that seems to inspire absolute confidence.）。而事实果真如此吗？两位青年无中生有地杜撰了 Earnest 这个人物的存在，并用这一名字来博取芳心，他们又何谈"真诚""严肃"与"认真"呢？王尔德通过对"earnest"一词的颠覆，暗讽英国维多利亚时代上层的虚伪和无聊。王尔德的纨绔子们游离于社会主流

---

① 周小仪. 唯美主义与消费文化 ［M］. 北京：北京大学出版社，2002：34.

之外，以玩世不恭拒绝主流意识形态，以嬉笑怒骂揭露社会的庸俗与荒诞，以看似不道德的言论，表达对真道德的渴慕，他们是王尔德以唯美对抗物质的代言人。而这些文学形象与《庄子》里"曳尾于涂"的鱼、畸人、狂人等，都在最实质的精神上遥相呼应。

纵观王尔德的批评理论与创作实践，《庄子》的影响随处可见。王尔德对《庄子》的互文性吸收彰显了唯美主义追求的跨越时空的艺术真谛，为其唯美主义旗帜锦上添花。在 19 世纪的中西文化交流中，与儒家思想在西方受到隆遇相比，道家智慧尚处于沉寂状态，在这个背景下看，王尔德对庄子的接受，标志着西方知识界与中国道家文化深层对话的开始。

二、尤金·奥尼尔和《庄子》的相契相通

尤金·奥尼尔（Eugene O'Neill，1888—1953）是美国现代最著名的剧作家、文学家，美国现代戏剧的开拓者和奠基人。"在奥尼尔之前，美国只有剧场；在奥尼尔之后，美国才有戏剧。"①他一生创作了近 50 个剧本，获得四次"普利策文学奖"，一次诺贝尔文学奖，有着美国剧坛的"莎士比亚"之称。早年漂泊不定的生活，对生命悲苦的敏锐省察，使他本能地寻求并皈依于悲观主义哲学，叔本华、尼采成了他的精神偶像，叔本华敬奉佛教，尼采宣告了基督教上帝的死亡，这些都促使奥尼尔转向东方文化，尤其是中国文化，从中获得精神的安顿。因此，奥尼尔的戏剧创作自始至终都表现出东方文化的情结，美国著名评

---

① Frederic Carpenter. Eugene O'Neill, the Orient and American Transcendentalism ［A］. *Transcendentalism and Its Legacy* ［C］. Myron Simon and T. H. Parsons. ed. Ann Abhor: University of Michigan Press, 1966: 200 – 205.

160

论家卡彭特曾指出："东方特色是奥尼尔艺术最重要、最显著的一个方面。"① 1936 年他获得诺贝尔奖，1937 年他用所得奖金在加利福尼亚州一个叫丹维尔的幽静山谷里，建成一座仿古典中国建筑风格的二层别墅作为住所，别墅大门上钉着四个铁铸楷书汉字——"大道别墅"（Tao House），奥尼尔解释说这是取道教宁静淡泊之意。在这幢楼房中，有着大量的藏书，理雅各翻译的老庄作品亦在其中。1932 年，奥尼尔在致友人弗雷德里克·卡彭特（Frederic Carpenter）信中说到，他"读了相当数量的东方哲学和宗教书籍"，而"老庄的神秘主义比任何别的东方思想更能引起我的兴趣"。②与《庄子》的相契相通贯穿了奥尼尔整个的创作事业。

　　和王尔德一样，奥尼尔也为庄子无为思想所深深吸引，对回归自然、寻求宁静、超脱尘世诉求既寄托在其"大道别墅"上，更是寄托在其创作的戏剧上。《泉》（The Fountain）中的主人公胡安（Juan Ponce de Leon）随哥伦布寻找东方财富，同时也是寻找他所憧憬的"有着青春之泉"的东方某个国度："东方某个遥远的国土——中国、日本或谁知道叫什么名字——总之是一个将大自然和人们隔开的、极其宁静的地方。"③《马可百万》（Marco Millions）中的楚尹（Chu Yin）是一位充满道家智慧的谋臣，"高尚的人忽略自我，明智的人忽视行动，真理无须行为"（The noble man ignores self. The wise man ignores action. His truth acts without deeds.)④，楚尹的话让人不禁想到《逍遥游》的"至人无

---

① 转引自刘海平. 奥尼尔与老庄哲学［M］. 北京：中国戏剧出版社，1988：21.
② 转引自刘海平. 奥尼尔与老庄哲学［M］. 北京：中国戏剧出版社，1988：210.
③ 尤金·奥尼尔. 奥尼尔文集（第 2 卷）［C］. 郭继德、甲鲁海，译. 北京：人民文学出版社，2006：359.
④ Eugene O'Neill. *Marco Millions*［M］. New York：Boni & Liveright, 1927：265.

己，神人无功，圣人无名"。奥尼尔最著名的剧作之一《送冰的人来了》(The Iceman Cometh) 里，"无为"思想贯穿全剧。剧作描述了一群无业游民，他们被社会所抛弃，躲在一个叫在哈里·霍普 (Harry Hope) 的旅店里，尽管旅店潮湿阴暗，他们却终日足不出户，无所事事，以酗酒为乐，信口开河地畅谈未来的"理想"，高谈阔论地回忆昨日的辉煌，以此逃避窘迫失意的现实生活。居中的拉里 (Larry Slade) 一直在大谈"美妙宁静的气氛"①，自认为是其中最与世无争、最逍遥自在，也即最"无为"的一员，他让人们相信他已超越了各种世俗的欲求，达到了道家"无欲"的境界。剧中另一人物希基 (Hickey) 也一直奉劝大家放弃任何残存的欲望，要"让自己沉到海底去"②，无欲无为，所以就"无不为"了。《长日入夜行》Long Day's Journey into Night 的主题同样是"无为"。剧本讲述的是一个爱尔兰移民家庭所发生的故事，出生优越的玛丽 (Mary Tyrone) 因对婚姻生活的失望而染上毒瘾，丈夫酗酒，大儿子颓废，小儿子埃德蒙 (Edmund) 是她的新希望，却又不幸患上了在当时为"不治之症"的肺结核。玛丽逐渐对现实中发生的任何事情置若罔闻，独自呆坐阳台，靠吸毒进行心灵的解脱。剧中其他人物也和玛丽一样都变得听天由命，意识到一切逃避过去的努力都无济于事。于是，整出戏的"行动"就是剧中人物如何"不能行动"，弥漫全剧的是僵滞沉寂的氛围，"无为"思想与剧本的环境、人物等融为一体。

---

① 尤金·奥尼尔. 奥尼尔文集：第5卷 [C]. 郭纪德、甲鲁海，译. 北京：人民文学出版社，2006：164.
② 尤金·奥尼尔. 奥尼尔文集：第5卷 [C]. 郭纪德、甲鲁海，译. 北京：人民文学出版社，2006：206.

在如何看待生死的问题上，奥尼尔也与《庄子》所表达的道家生死观表现出了高度契合，生死循环是奥尼尔作品的又一主题。《大宗师》中说："古之真人，不知悦生，不知恶死；其出不䜣，其入不距；翛然而往，翛然而来而已矣。不忘其所始，不求其所终；受而喜之，忘而复之。""死生，命也。其有夜旦之常，天也。人之有所不得与，皆物之情也。彼特以天为父，而身犹爱之，而况其卓乎！人特以有君为愈乎己，而身犹死之，而况其真乎！"庄子认为，生与死只不过是人类生存的两种形式，死亡是一个生存方式的结束，是另一个生存方式的开始。生死循环，和谐互补。奥尼尔的多部作品都表达出对生死循环的深刻认同。《天边外》（Beyond the Horizon）是奥尼尔的成名作，剧中的罗伯特（Robert）一生向往天边外的美好的生活，却只能留在家乡务农，夫妻不睦，身患重病，美好理想终成泡影。临终前他爬到山顶，在朝阳里欣然迎接死亡："我终于幸福——自由了——自由了！离开农场，自由了——去自由地漫游，漫游——永远地去漫游！瞧！山那边不是很漂亮吗？我能听见许多耳熟的声音呼唤我过去——而我这就去！这不是结束，是自由的开端，是我航程的开端！"①罗伯特死在充满生机与希望的黎明，他的心中也充满对新生的希望，坚信死亡就是新生的开始，死亡让他终于有机会走向天边之外。死亡是对现实的超越，是一种真正的回归。生死循环相依，生死互为一体。《拉撒路笑了》（Lazalus Laughed）一剧同样讲述了死而复生的故事，剧中主人公拉撒路（Lazalus）是征服死亡的象征，他在坟墓里躺了四天后复活，回到家里的拉撒路神态安宁祥和，受到亲人的欢迎。他向人们保证没有死亡，只有生命，他称自

---

① 尤金·奥尼尔. 奥尼尔剧作选［C］. 欧阳基，等译. 北京：人民文学出版社，2007：2.

己的家为"笑屋",他则"在上帝的笑声中欢笑"。① 其后,在一场教徒冲突中,他的父母和两个妹妹先后丧生,拉撒路没有痛苦,而是大笑。这与庄子在妻子死后的"鼓盆而歌"何其相似。

《悲悼》(Mourning Becomes Electra)同样是一部生死循环的演示。该剧讲述了孟南(Mannon)家族三代人注定遭受的悲剧命运,整个家族的人都陷入了生与死的循环往复。艾斯拉(Ezra)在经历了战场上的出生入死后,感受到生命的可贵,决心回家后要和妻子重新开始生活,却在回家的第一个晚上被妻子克里斯丁(Christine)毒死。他们的儿子奥林(Orin)也是九死一生,意识到杀死别人就等于是杀死自己,于是更加珍惜来自母亲的爱。但最终又被姐姐莱维妮亚(Lavinia)说服,为父报仇,开枪杀死了母亲的情人卜兰特(Brant),导致了母亲的自杀,而母亲的自杀又导致奥林精神失常并最终自杀。莱维妮亚在逼死所有的家人后,选择了自惩的道路,放弃美好的爱情,独守着孟南家坟墓似的大宅,以背负家族全部的罪孽。

"梦"是《庄子》文学中的一个重要意象,《庄子》全书共有9篇(《齐物论》《人间世》《大宗师》《天运》《刻意》《至乐》《田子方》《外物》《列御寇》)涉及"梦",30处出现了"梦"字。庄子既借梦譬道,又以梦喻示人生的虚幻,显明人生如梦:

> 梦饮酒者,而后知其梦也。旦而哭泣梦哭泣者,旦而田猎。方其梦也,不知其梦也。梦之中又占其梦焉,觉而后知其梦也。且有大觉而后知此其大梦也,而愚者自以为觉,窃窃然

---

① 尤金·奥尼尔. 奥尼尔文集:第3卷 [C]. 郭纪德、甲鲁海,译. 北京:人民文学出版社,2006:215.

知之。《齐物论》

　　在庄子看来，梦与醒相互印证—— 一个人在做梦时并不知道所经历的一切是梦，只有醒后才知是梦。人在最清醒的时候，在"大觉"之时，方能知道他自身就是一场大梦。只有觉悟到这一点，人才能达到"不悦生，不恶死"的自由状态。庄子通过"梦"来消解现实与虚幻的界限，达到"不悦生，不恶死"的自由状态。

　　梦幻与现实合二为一，难分彼此，也是奥尼尔戏剧创作的一大特色，且与庄子之梦产生了跨时空的回响：

　　　　我非我

　　　　生是生

　　　　浮云蔽日

　　　　人生悠忽几许

　　　　日复照耀

　　　　一切全无改变

　　　　千载光阴终成灰

　　　　草叶润新露而苏生

　　　　此梦复在何梦中 ①

---

① 詹姆斯·罗宾森. 尤金·奥尼尔和东方思想：一分为二的心象［M］. 郑柏铭，译. 沈阳：辽宁教育出版社，1997：117.

　　诗的原文是：I am not /Life is/A cloud hides the sun/A life is lived/The sun shines again/Nothing has changed/Centuries wither into tired dust/A new dew freshens the grass/Somewhere this dream is being dreamed. *O'Neill Plays* Vol. II. Travis Bogarded：The Library of American Press, 1988：448.

《马克百万》故事的结尾，阔阔真与马克最后的道别之言，就是对"庄周梦蝶"故事的复述。庄子说："不知周之梦为蝴蝶与？蝴蝶之梦为周与？"庄子意识到自己或许就是一只蝴蝶，在做着自己是庄周的梦；阔阔真则宣称"我非我"，并怀疑自己是否是身在别人的梦中。

《长日入夜行》被奥尼尔自己评价为"是一出描写梦想的戏"。埃德蒙一家梦想母亲玛丽能够戒毒，埃德蒙患的是感冒也不是肺炎；玛丽面对生活的不幸采取了"超然不对"的漠然态度，超尘避世，有时梦想变成一只海鸥，去寻找自由。连她自己也搞不清自己的所作所为，都似在梦中，亦真亦幻，似有似无。在剧中，奥尼尔借莎士比亚之口与庄子一起感叹"人生如梦"，"我们是编制梦幻的材料。我们这匆匆之一生，前前后后都裹绕在睡梦之中"。① 正是借助对白日梦的描绘，奥尼尔表现出了在上帝缺失的世界里人的一种生存状态。

三、博尔赫斯对《庄子》的心仪与呼应

无论是在英语文学世界里，还是西班牙语文学世界里，阿根廷诗人、小说家、评论家、翻译家豪尔赫·路易斯·博尔赫斯（Jorge Luis Borges，1899—1986）都是一位影响巨大的人物，他引领了 20 世纪 60 年代拉丁美洲文学潮，影响力超出了拉丁美洲而享誉世界，被誉为是"作家们的作家"，美国著名批评家哈罗德·布鲁姆（Harold Bloom）在《西方正典》（The Western Canon）中，将博尔赫斯列为影响世界文学的 26 位大师之一。博尔赫斯对《庄子》之心仪与呼应也成为世界文学史上的一段佳话。博尔赫斯对中国及中国文化有着深厚的感情，他曾

---

① 特拉维斯·博加德. 奥尼尔集 [C]. 汪义群，等译. 北京：生活·读书·新知三联书店，1995：1044 – 1045.

说："我有一种感觉,我一直身在中国。"①

尽管从未到过中国,但他一生都在阅读中国,通过阅读其他文学大家的作品,如卡夫卡、歌德、莱布尼茨、庞德等的作品,博尔赫斯对中国产生了的兴趣。虽然不谙汉语,但他通过各种外国译本阅读了大量中国古代典籍,如《红楼梦》《水浒传》《聊斋志异》《道德经》《庄子》等。借助于英国汉学家翟理斯 1889 年的《庄子》英译本和奥斯卡·王尔德对该译本的评论,他潜心研究庄子。博尔赫斯在 20 世纪 30 年代发表了著名的《叙事的艺术和魔幻》,国际评论界称他为"魔幻文学祖师爷"。但博尔赫斯自己并不认同此一说法:"我不赞成'魔幻现实主义'的提法,这纯粹是评论家的杜撰。作家凭想象创作,虚虚实实,古已有之。魔幻文学祖师爷的头衔轮不到我,2000 多年前的中国梦蝶的庄周也许当之无愧。"②由此可见他对庄子的推崇。博尔赫斯曾经宣称,他写作的目的是为了探索某些哲学体系的文学可能性。而《庄子》恰是一部哲学与文学完美统一的旷世奇作,其玄妙的哲学运思、独特的文学品格,都让博尔赫斯为之倾倒。博尔赫斯把《庄子》的思想智慧融入自己的文学创作中。

对万物本源的探究是《庄子》的一大主题。庄子继承了老子道生万物的思想,在《大宗师》中庄子说道:"夫道,有情有信,无为无形;可传而不可受,可得而不可见;自本自根,未有天地,自古以固存。神鬼神帝,生天生地;在太极之先而不为高,在六极之下而不为深;先天地生而不为久,长于上古而不为老。"一方面,道是宇宙万物的本源,不能是什么都没有,所以道"有情有信",但另一方面,生产

---

① 巴恩斯通. 博尔赫斯八十忆旧 [M]. 西川,译. 北京:作家出版社,2004:16.
② 舒建华. 博尔赫斯与中国 [N]. 中国青年报,2000 – 03 – 14.

万物之物不可能是一个有限具体之物，所以道"无为无形"。追本溯源，天地万物都是从"道"而来，都有共通性。因而，万物齐一，"夫天下莫大于秋毫之末，而泰山为小；莫寿乎殇子，而彭祖为夭。天地与我并生，而万物与我为一"（《齐物论》）。庄子眼里，世人觉得很小的"秋毫之末"并不比任何东西小，世人觉得很大的"泰山"也不比任何东西大；最短命的"殇子"其寿命不比任何人的短，最长寿的"彭祖"活得也不比任何人长久。在《天下》篇里，庄子再次阐述了类似观点："至大无外，谓之大一；至小无内，谓之小一""天与地卑，山与泽平""南方无穷而有穷。今日适越而昔来。连环可解也。我知天下之中央，燕之北、越之南是也"。庄子万物齐一的思想对博尔赫斯的文学创作产生了深刻影响，其小说《阿莱夫》（The Aleph）可以说是这一思想的现代翻版。《阿莱夫》中诗人卡洛斯正在创作一首描绘整个地球的长诗。有人要把他居住房子拆掉，可是房子是不能被拆的，因为房子的地下室有一个"阿莱夫"，"阿莱夫"帮助诗人可以观看宇宙万物。这个"阿莱夫"又是何物呢？"阿莱夫"是诗人用希伯来文字中的第一个字母来命名的一个小球，世界各地、天下万物都包罗在这个小球里："直径大约为两三公分，但宇宙空间都包罗其中，体积没有按比例缩小。每一件事物（比如说镜子玻璃）都是无穷的事物，因为我从宇宙的任何角度都清楚地看到。我看到浩瀚的海洋、黎明和黄昏，看到美洲的人群、一座黑金字塔中心一张银光闪闪的蜘蛛网，看到一个残破的迷宫。"① "我看到阿莱夫，从各个角度在阿莱夫之中看到世界，在世界中再一次看到阿莱夫，在阿莱夫中看到世界，我看到我的脸和脏腑，看到你的脸，我

---

① 博尔赫斯. 博尔赫斯全集（小说卷）[C]. 王永年，等译. 杭州：浙江文艺出版社，1999：306.

觉得眩晕，我哭了，因为我亲眼看到了那个名字屡屡被人们盗用、但无人正视的秘密的、假设的东西：难以理解的宇宙。"① 可见"阿莱夫"是诗人完成那首长诗的秘密所在，但在故事的结尾，博尔赫斯又补充说，"阿莱夫"可能并不存在，并且引经据典加以论证。博尔赫斯通过"阿莱夫"这一文学意象表明，大与小、一与多、瞬间与永恒、有限与无限都是同生同体的，也昭示着"有生于无"的宇宙玄机。

"庄周梦蝶"是博尔赫斯最喜欢引述的中国故事。在他和朋友比奥伊·卡萨雷斯（Bioy Casares）与西尔维拉·奥坎波（Silvina Ocampo）夫妇合编的《幻想文学选集》（The Book of Fantasy）② 里，精选了古往今来世界各国的 81 篇幻想作品，11 篇取自中国，其中就有"庄周梦蝶"。博尔赫斯明确指出此文选自翟理思英译的《庄子》，但他对翟理斯文本做了删节改造。通过两种译文比较可以发现：首先在篇幅上，翟理斯译文 95 个词，博尔赫斯译文 42 个词。翟理思译文增加了《庄子》原文不曾有的一些内容，如"following my fancies"（跟随我的幻想）和"my individuality as a man"（我作为人的一个个体）之类的语词，这些解释性的词语可以方便读者理解故事。博尔赫斯译文删减了翟理斯译文这些描写性话语，留下的仅是一个故事梗概，连原文中最后的评论都没有保留，博尔赫斯把"庄周梦蝶"作为幻想故事欣赏的取向非常明确。其次，翟理斯译文是第一人称叙述，增强了做梦经验的真实性，使故事显得更为生动，博尔赫斯改用了第三人称，叙事者只是在平静地讲述故

① 博尔赫斯. 博尔赫斯全集（小说卷）［C］. 王永年，等译. 杭州：浙江文艺出版社，1999：306.

② Jorge Luis Borges, Bioy Casares, Silvina Ocampo. *The Book of Fantasy*［C］. New York：Viking Penguin, 1988.

事，而没有任何的情感或价值判断的投入。①

在博尔赫斯的小说、诗歌以及其他作品中，"庄周梦蝶"故事也一再被提及或仿拟。《漆手杖》一诗中写道："我看着那根手杖，想起了那位梦见自己变成了蝴蝶、醒来之后却不知道自己是梦见变成蝴蝶的人还是梦见变成人的蝴蝶的庄周。"② 在《原因》一诗中"庄子和他梦见的蝴蝶"与恒河、金苹果、斯多葛派、丹麦夜莺、恺撒、波斯人等不同国家的各种代表性意象放置在一起，构成了一幅丰富多彩的世界文化图景。③ 小说《另一个自己》（The Other）则是对"庄周梦蝶"的创造性仿拟。小说中 70 岁的博尔赫斯遇到了 1918 年在日内瓦年仅 19 岁时的博尔赫斯。为了证明他们是同一个人，晚年的博尔赫斯讲述了他 1918 年在日内瓦的往事，但年轻的博氏却反驳说："如果我梦见了你，你当然会知道我的事情。"晚年博氏只好说："若是今天上午和我们的会面都是梦境，那么，我们都得相信自己既是做梦人，同时也是梦中人。也许我们已经清醒，也许我们还在做梦。"④

---

① 翟理斯译文：Once upon a time, I, Chuang Tzu, dreamt I was a butterfly, fluttering hither and thither, to all intents and purposes a butterfly. I was conscious only of following my fancies as a butterfly, and was unconscious of my individuality as a man. Suddenly, I awaked, and there I lay, myself again. Now I do not know whether I was then a man dreaming I was a butterfly, or whether I am a butterfly, dreaming I am a man. Between a man and a butterfly there is necessarily a barrier. The transition is called Metepsychosis. 博尔赫斯译文：The philosopher Chuang Tzu dreamed he was a butterfly, and when he woke up he said he did not know whether he was Chuang Tzu who had dreamed he was a butterfly , or a butterfly now dreaming that it was Chuang Tzu.

② 博尔赫斯. 博尔赫斯全集（诗歌卷）[C]. 王永年，等译. 杭州：浙江文艺出版社，1999：269.

③ 博尔赫斯. 博尔赫斯全集（诗歌卷）[C]. 王永年，等译. 杭州：浙江文艺出版社，1999：225.

④ 博尔赫斯. 博尔赫斯短篇小说集 [C]. 王央乐，译. 上海：上海译文出版社，1983：319.

在《对时间的新驳斥》（A New Refutation of Time）一文中，博尔赫斯把"庄周梦蝶"作为核心例证来讨论他的感知观念和时间观念。"在每种感知（真实的或推测的）之外不存在物质；在每种心灵状态之外不存在精神；在每个现在瞬间之外也不存在时间。我们选取一个最为简单的时刻，例如庄子之梦的时刻。"①在庄子的千古奇梦里，主体与客体、人与外物浑然一体，生死有无，是非彼此，都是变动不居的，一切都难以界定。庄子在破除物我之界后超越了有限，消解了时间。博尔赫斯则把"庄周梦蝶"故事和贝克莱、休谟的经验主义哲学时间观放在一起，证明时间的非连续性，亦即对时间的否定。这样的时间观又直接体现在他的迷宫小说创作中，如其著名的《小径分岔的花园》（The Garden of Forking Paths），通过时间迷宫这一文学意象，表明多种时间并存的观点，时间在永远分岔，通向无数的将来。这种迷宫化的时间是永恒或者是"无时间"，在这个时间大网中，每个个体的存在都很偶然，都是由于时间的分岔造成的，身份的确定性、生与死等各种二元对立，在博尔赫斯的时间迷宫里荡然无存。博尔赫斯创造的其他迷宫意象，如空间迷宫、字母迷宫等，均是对人类存在之偶然性、有限性、荒谬性等真相的表达，庄子的思想踪迹在博尔赫斯的迷宫中蔓延。

本章小结

西方对《庄子》文学的关注伴随着《庄子》翻译及其哲学思想在

---

① 博尔赫斯. 博尔赫斯全集（散文卷上）[C]. 王永年，等译. 杭州：浙江文艺出版社，1999：508.

西方的传播而逐步展开。英国汉学家翟理斯译《庄子》，著《中国文学史》，对《庄子》文学走进西方有着开创之功。而让西人较为全面地认识《庄子》文学品格的，则是伯顿·华兹生。继华兹生之后，葛瑞汉和梅维恒是对《庄子》文学做系统性考察的代表性译者。葛瑞汉充分注意到庄子身上同时体现出了艺术家、作家和哲学家的特点，提醒读者阅读《庄子》，首先要把庄子作为一个艺术家来读。梅维恒更是把《庄子》看作是一座文学宝库，正是《庄子》的文学美感唤起人们对庄子哲学的兴趣。除了与翻译同步的研究外，也有学者针对《庄子》文学展开的专门研究。寓言是《庄子》一书的精髓，在西方学者的研究中，《庄子》寓言的生态学价值获得新的理解，《庄子》寓言故事的意义也获得多维度的解析。《庄子》的文学成就不仅受到西方文学研究领域的关注，也对西方文学创作本身产生影响，本章主要是从比较文学影响研究的角度分析《庄子》在世界文学版图中的地位。在西方文学史上一些具有里程碑意义的作家如王尔德、尤金·奥尼尔、博尔赫斯，都把对《庄子》的理解直接体现在其文学作品中，庄子之"道"、庄子的"无为"思想、庄子对待生死的态度等，都以不同形式渗入这些作家的文学作品中，《庄子》文学的魅力在跨时空、跨文化的大转换中更为凸显。

受文化背景、学术传统的影响，西方学者对《庄子》文学的研究，表现出不同于国内学者的研究旨趣和切入途径。如果说国内学者更多看到的是庄子的犀利与批判，翟理斯的译本则让毛姆读出了庄子的个人主义气象；国内学者仰慕庄子的洒脱与逍遥，华兹生则读出了《庄子》的幽默和对彼岸的向往；国内学者从结构上寻觅《庄子》意蕴，葛瑞汉则从逻辑上重整《庄子》篇章；国内学者从文章学视角发掘《庄子》

文体的多样性，梅维恒则从语言学角度辨析了《庄子》书面语言和口头语言的不同；在中西方学者同为看重的寓言研究中，国内学者更多的是把《庄子》寓言看作一个整体，探寻其艺术特色及文学价值，西方学者则更倾向于就某个专题开展深入细致的义理剖析。国内外相关研究互相借鉴、合作互动的空间值得探索。

第五章

跨文化对话中的《庄子》文学

　　20世纪60年代初，伴随着科学技术和经济的迅速发展，现代西方社会进入了后工业社会阶段，现代西方文化也随之进入后现代主义时期。在思想文化领域，理论层出，流派纷呈，在各种理论的争鸣碰撞中，后现代主义理论逐渐露出自己的头角，并迅速扬弃现代主义而成为当代西方"显学"。自20世纪80年代以来，"后现代"成为艺术、文学、美学、语言、历史学、政治学、法学、社会学、伦理学、哲学等诸多领域中一个独领风骚的关键词。在西方后现代主义理论的发展过程中，学者们注意到了后现代精神与中国文化的关联，进而考察并发掘中国经典中的后现代思想资源，而《庄子》则成为中西会通的理想文本。如果说，《庄子》对王尔德、卡夫卡、博尔赫斯等作家的影响是与西方后现代主义文学的某种玄妙的心灵契合，在整个后现代主义文化的高歌猛进中，《庄子》都在不断地被提及、被比照。

　　因此，当代庄学研究，包括《庄子》文学研究，也呈现出一种新景观——以中西融通、比较的眼光和方法来阐释、解读庄子，《庄子》哲学与文学的现代价值都在中西互释中得到进一步的凸显。

第一节　后现代理论对庄子思想的接引

尽管后现代主义文化思潮至今没有公认的、明确的界域，但作为一种文化批判与反思思潮，其本质精神主要是以批判、否定现代工具理性主义文化为主线，对作为现代主义文化逻辑基点与特征的各种中心主义、本质主义及绝对客观性、同一性、普遍性、确定性予以解构和摧毁。后现代思想家诸如海德格尔、德里达、福柯、伽达默尔等均以不同的方式与庄子思想产生关联，在理论构建上表现出与庄子的内在亲缘关系。庄子诗学、文艺美学等与后现代理论隔着迢迢的时空形成对话，成为西方后现代文化的一个宝贵的思想资源库。

一、后现代理论与《庄子》的亲缘性

将后现代与中国文化、与道家和庄子关联起来的，首先来自西方学者。美国学者霍伊（David Couzens Hoy）在《后现代主义：一种可供选择的哲学》一文中指出："从西方的观点看，中国则常常被看作是后现代主义的来源。"① 美国著名文化哲学家、比较哲学家郝大维（David Hall）曾在《现代的中国与后现代的西方》一文中也说道："西方哲学的逻各斯中心主义的偏见使得思想家试图表现真理、存在、本质，或者他们思想和话语的逻辑结构。……这项事业的失败即是在场哲学的失

---

① 霍伊. 后现代主义：一种可供选择的哲学 [J]. 王治河，译. 国外社会科学，1999 (4)：34 - 37.

败——现代性的失败。"①在中国文化参照下，郝大维指出西方人思维的一个基本特征是，他们在认知事物，包括认知自身时，总是假定有一个确定的真理存在，因而西方人执着于追寻事物本质或同一性。而这会使人们可能轻易地丧失掉对事物的经验和事物本所内涵的独特性的关注。而中国人的思维方式却大不相同："中国人比我们大多数人更容易发现思考歧异、变易和生成。"如道家思想在郝大维看来就是极端视角主义或相对主义的。他以《应帝王》中的"浑沌"寓言为分析材料，说明："道家的洞察力并非基于秩序，而是基于浑沌之上。……道的神秘意义缘于作为全部秩序之归总的浑沌的神秘性。……道并非一个总体，而是许多总体。道的秩序并非是理性的或逻辑的，而是审美的……"因此，郝大维宣称"以一种最强硬的和矛盾性的方式，我的观点等于是要声言古代的中国恰是真正意义上的后现代"②。美国吉鲁大学（Drew University）教授凯瑟琳·凯勒（Catherine Keller）认为庄子思想与后现代思想家怀特海、德里达等有着明晰的呼应关系。在"后现代之道：过程，解构及后殖民主义理论"（The Tao of Postmodernity：Process，Deconstruction and Postcolonial Theory）一文中，凯瑟琳引用《庄子》"有始也者，有未始有始也者"，认为后现代主义思潮均可以在庄子关于"始"的概念的悖论中找到自己。《庄子》之"始"与怀特海思想有着某种遥相呼应的关系，对怀特海来说，始是不断地发生，是万物并生；

---

① David Hall . Modern China and the Post－modern West ［A］. C. E. Lawrence. ed. 1995. *From Modernism to Postmodernism：AnAnthology* ［C］. Cambridge：Wiley-Blackwell, 1995：698 - 701.

② David Hall . Modern China and the Post－modern West ［A］. C. E. Lawrence. ed. 1995. *From Modernism to Postmodernism：AnAnthology* ［C］. Cambridge：Wiley-Blackwell, 1995：698 - 701.

作为比怀特海后起半个世纪的后结构主义也是基于对"始"的解构，因此，凯瑟琳·凯勒认为《庄子》"这部中国典籍早已解构了线性时间和实体存有论。像怀特海那样，庄子用生成化解了不变的本质；像德里达那样，庄子将存有论的观点和它的对立面，和它自身的无去对峙，以构成同中之异，而不是将其与绝对的虚无主义去对峙"①。美国新泽西大学贤·霍希曼（Hyun Hochsmann）教授则注意到庄子与伽达默尔间的相似性，认为伽达默尔所言"一个人只有失去自身才能发现自身"的思想，与庄子"忘己以体道"具有通约之处。如果说哲学始于惊讶，那么庄子与伽达默尔都把人们带到了哲学思想的开端，人们在惊讶中，陷入未知领域，失去了身处熟悉领域时的确定感。忘己，或者说，失去自身，是认识事物本性的开始。②

随着后现代理论研究的展开，海外华裔学者以及国内学者更是在"后学"中看到了"庄学"渊源。如早在 20 世纪的 80 年代，美籍华裔学者叶维廉先生就在其比较诗学研究中发现，海德格尔和庄子几乎关切着同样的问题，说着同一的语言。台湾学者陈鼓应先生的《尼采哲学与庄子哲学的比较研究》、大陆学者张隆溪先生的《道与逻各斯》，等等，都启发人们关注庄子思想与后现代主义的种种关联。概述之，《庄子》文学世界里所充溢着的对生命的真切关怀、对其所处社会现实的淋漓批判、对中心强势话语统治的辛辣嘲讽，等等，都与后现代主义不谋而合。对人性局限性的洞识让庄子拒绝崇高，后现代时代则是一个偶

---

① 凯瑟琳·凯勒. 后现代之道：过程、解构及后殖民主义理论［J］. 倪培民，译. 求是学刊，2003（2）：13-18.
② 贤·霍希曼. 庄子与伽达默尔：忘己与体道［J］. 安徽师范大学学报（社会科学版），2009（2）：514-519.

像瓦解的时代；庄子对其所处时代及其之前的知识体系、价值体系予以无情的颠覆，在后现代主义者那里，一切都是"神话"，一切都可解构。如此等等，不一而足。因此，有学者指出："隔着两千年的时空，人类精神的境遇和反抗并没有根本的变化。陌生的只是面孔和语言。我们相信浪子式的后现代主义能在古老的中国找到自己的源头，而幽玄的道家思想能借清明的西学得到现代的诠释。实际上后现代主义哲学家如德里达等已表现出某种对中国文化的寻亲意识。道家哲学与后现代主义文化皆禀赋鲜明的反传统、反理性主义倾向。"①后现代思想家与庄子思想的相通在海德格尔、德里达理论中表显得更为突出。

二、庄子与海德格尔

海德格尔是 20 世纪西方最伟大、最重要的哲学家之一，其影响已超出哲学领域，而在人类文化众多领域产生震荡，成为人们公认的后现代理论先驱。而海德格尔与庄子思想的会通，成为当今比较哲学、文艺理论等诸多领域内的热门话题。

就学术研究的事实关联而言，无论是海德格尔本人的作品，还是他的学生、朋友撰写的回忆录、学术传记等，均有线索表明海德格尔与中国道家、与《庄子》有过直接而深入的交流与对话。最为引人注意的是，海德格尔在著作、演讲或书信中多次引用《庄子》来表达自己的思想。如 1930 年 10 月 9 日，海德格尔在一位朋友家里举办讲座，接着讨论他此前一天所做的题为"论真理的本质"（Vom Wesen der Wahrheit）的演讲。期间讨论到，一个人能否置身于别人的立场上去看待问

---

① 陈喜辉，付丽. 道家哲学与后现代主义比较研究的缘起与现状 [J]. 哈尔滨工业大学学报（社会科学版），2001（2）：104 - 108.

题，为了说明自己的观点，海德格尔向主人索取了马丁·布伯的《庄子》德译本，引用了《秋水》篇"鱼之乐"的寓言，让大家豁然开朗。这个有趣的故事被多个当时活动的参加者撰文忆及。①1960年，海德格尔在不莱梅所做的题为"意象与词语"的演讲中，引用《达生》篇中"梓庆为鐻"的寓言，对西方美学中流行的"质料"与"形式"二元分离的思维模式展开批判。②在《庄子》的故事中，匠人梓庆擅长制作一种叫"鐻"乐器，其所制之精美，被人叹为鬼斧神工，其诀窍就在于他在制作过程中，摈除各种是非杂念，精心选好木材后，全然把自己的天性和木材的天性融为一体。海德格尔以此提出真正的、高层次的艺术作品中，应该是"质料"与"形式"浑然为一、妙合无垠。海德格尔对庄子"无用"思想也很感兴趣，1962年，在《传统语言和技术语言》（Traditional Language and Technological Language）讲座致辞中写道："用至高无上于无用的意义是什么？代替讨论问题本身，我们先听一个作家是怎么说的，这个作家是老子的学生……"（What is the meaning of supremacy of the useful over the useless? Instead of discussing this question it-self, we will listen to a text from the writer, one of Lao-Tse's students…）③1965年5月29日，海德格尔再给恩斯特·荣格（Ernst Jungers）的信中，再次提到庄子关于树之有用无用的寓言。④海德格尔在政治上曾与纳粹有瓜葛，二战期间对纳粹运动有所反思，被纳粹政府宣布为"完全无用的人"，被征发到莱茵河前线挖战壕，二战之后，又因为纳粹统

---

① Petzet. *Erinnerungan Martin Heidegger*［M］. Neske：Pfullingen，1977：184.
② G. Parkes. *Heidegger and Asian Thought*［M］. Honolulu：University of Hawaii Press，1987：55－56.
③ 转引自安蕴贞. 西方庄学研究［M］. 北京：中国社会科学出版社，2012：170.
④ 转引自安蕴贞. 西方庄学研究［M］. 北京：中国社会科学出版社，2012：168.

治期间的言行,受到战后当局的肃整,被禁止授课。回顾这些经历,人们不难理解海德格尔对庄子"无用"思想的青睐。

从学理层面上看,海德格尔与庄子在对一些基本问题的追寻上,都存在着不期而然的相通之处,如对世界本体的认识、对生命本体和人的问题的关怀。而这些相通之处的背后,是一种试图以诗性的精神来把握、对待世界和生命的基本态度。

众所周知,庄子学说最基本、最核心的概念是"道",在海德格尔哲学体系里占据核心地位的是"存在"这一范畴。庄子之"道"与海德格尔的"存在"有着某种本然的贯通。在《庄子》文本里,"道"是一个高频词,共出现了375次,庄子之"道"的意义在多向度上展开:"道"作为"路径"、作为"通达"、作为"言说"、作为"有"……但通读《庄子》,"道"之所以有如此丰富的意义,就在于其本性的"无",这是庄子终极性的"道"。"道"是真实的,却没有任何具体属性,因而它又是虚无的;"道"不为他物所生,却又生成万物,使万物获得规定性而成为"有",因此,《知北游》中说:"夫昭昭生于冥冥,有伦生于无形,精神生于道,形本生于精,而万物以形相生。"《秋水》中亦说"道无始终,物有始终","道"以其"无所待"而成为天地万物之"所待"。无限的"道"存在于天地万物之中,人们可以体悟它,却无法看见它。海德格尔哲学中的"存在"与庄子之"道"颇为契合。海德格尔认为,虽然两千多年来的西方哲学家,经常在以不同的方式探讨存在问题,却始终没有区分"存在"与"存在者"的不同。他认为"存在者"是指现成已有的存在物,"存在"是指存在物的涌现与显示,"存在"是确定存在者的那种东西,它是一切存在者得以可能的基础和先决条件,"存在"不是实在的、具体的、现成的存在物;"存在"比

"存在者"更根本，而其本身却总是变动不居的，是一种可能的、动态的方式。"存在比存在物更广阔，比任何存在物更与人接近，存在是最亲近的。"①这与庄子所说的道不离人、人与道互为依存异曲同工。海德格尔的"存在"中充溢着庄子式的"无"的智慧，"存在"与"道"的超越性、本源性和创生性皆为"无中生有"。

无论是"道"，还是"存在"，在庄子和海德格尔看来，都是不能被知识、概念和理性所认识和把握的，而需要以"虚静"之心去体悟，以"解蔽"方式去"澄明"，这种对世界本源问题的理解恰恰构成"非理性""非概念性"哲学的前提，使他们的哲学从基点上具有了诗性气质和审美倾向。海德格尔有一个著名论断——"思与诗同源"。海德格尔和庄子都是典型的"诗人思者"（der Dichter-Philosoph），两人的著作都展现出思辨能力和诗人气质的亲密融合，两人思想中的终极关怀与现实关切又都在某种程度上与广义的"诗学（美学）"有关。庄子往往被称为诗人哲学家，闻一多先生曾把庄子描述成一位侵入了文学圣域的哲学家："他的思想的本身便是一首绝妙的诗。"②伽达默尔在评价其老师海德格尔时说道："海德格尔学说中蕴含的诗意和能量使我经历的所有东西包括早期的经历都变得苍白一片。"③伽达默尔还提醒人们不要忽略了这样一个现象："海德格尔后面几十年的思想活动在文学艺术界的反响远远大于在大学的影响，这个事实令人深思。"④庄子和海德格尔都以哲学家的睿智、诗人的敏感，清晰地洞察到人类文明发展背后所隐藏的

---

① 熊伟. 存在主义哲学资料选辑［M］. 北京：商务印书馆，1997：12.
② 闻一多. 闻一多全集：第2卷［M］. 北京：生活·读书·新知三联书店，1982：280.
③ 伽达默尔. 哲学生涯［M］. 陈春文，译. 北京：商务印书馆，2003：25.
④ 伽达默尔. 哲学生涯［M］. 陈春文，译. 北京：商务印书馆，2003：121.

巨大生存危机，建设诗意生存的精神家园，是他们为人类摆脱危机规划的一条共同出路。

三、庄子与德里达

作为后现代主义理论权威之一，德里达以其解构主义而享有盛名。注意到解构主义与庄子的关联，也同样始于西方学术界。华裔美籍学者奚密（Michelle Yeh）是这一方面研究的早期代表，在其 1983 年发表的《解构之道：德里达与庄子比较研究》（The Deconstructive Way：A Comparative Study of Derrida and Chuang Tzu）一文中，奚密列举了庄子与德里达的诸多相同或相通之处，两者都有着坚定的反叛立场，反传统、反世俗、反常规；两者都有着对真正自由和创造的执着追求；庄子的文风恣意怪诞，德里达的写作也更像是一场文字游戏；两者均对语言本质问题有着深切的关注；两者都扮演了播种者的角色，他们的思想不仅仅在哲学领域，也在文学理论和文学批评等众多领域都产生了重要影响。①

沿着这样的思路去解析，庄子与德里达在哲学思想、阐释方法与手段等方面的交汇越来越为人们所关注。

首先，庄子与德里达都是与其所处时代主流文化、主流价值观念决然相悖的反叛旗手，两者在反传统、反世俗、反权威方面可谓高度契合。庄子的反叛是彻底的，从人类知识体系、道德体系到各种历史"神话"，无一不被他批判、颠覆或"解构"。以对知识体系的解构为例，在《齐物论》中，庄子说："物无非彼，物无非是……是亦彼也，彼亦是也。彼亦一是非，此亦一是非。"在"齐物"境界里，万物平

---

① Michelle Yeh. The Deconstructive Way：A Comparative Study of Derrida and Chuang Tzu [J]. *Journal of Chinese Philosophy*，1983（2）：95 – 126.

等，传统意义上的智慧、知识就不复有价值区别，"天下莫大于秋毫之末，而大山为小，莫寿于殇子，而彭祖为夭"的奇诡之说也就顺理成章了。同样，在社会伦理领域，诸侯与盗贼相提并论，圣人与大盗等同。盗亦有道，主流社会的伦理系统同样可以用来解释盗贼哲学。道通为一，庄子所倡导的是从小我的局限中跳出来，以一种更高的视角，不带成见地审视外物，这时所谓的权威、所谓的对立便不复存在了。庄子的进路是从反传统、反权威走向逍遥。

　　两千多年后，西方解构主义者对传统、权威、现存社会理性和秩序采取了类似于庄子的做法。众所周知，尼采、海德格尔、弗洛伊德等思想家们发起了对西方传统形而上学的批判，德里达在继承批判传统的基础上，对这一以二元对立为逻辑基础的形而上学或"逻各斯中心主义"（Logocentrism）进行了更为彻底的瓦解，提出有关书写、差异、踪迹、散播等一系列解构的理论。德里达在《人文科学话语中的结构、符号与游戏》中开门见山地指出，整个形而上学历史贯穿着一种对中心的渴望。自柏拉图以来的西方重要哲学家都陷入逻各斯中心主义错误之中。有中心，就意味着有主次之分，有二元对立，有结构。例如，在逻格斯中心主义支配下，人们对文本的阅读习惯是追寻作者"原意"，阅读的目的是最大限度地忠实实现对"原意"的理解和把握。德里达认为，这种教条主义的阅读遮蔽了文本中已经蕴含的东西，因为任何文本都不是单一、孤立的存在，而是一系列相互关联的文本链中的一环；文本的内涵和意义不是由作为"中心"的作者的主观意图决定的，而是由具有歧义性的语词、语句和概念等构成的文本决定的，对某一特定文本的解读取决于读者对其他相关文本的理解，解读的过程是环环相扣、永无终止的。德里达倡导一种解构式的阅读，其目的不在于寻找所谓的作者原意，而是通过语言游戏使文本意义增殖，也即，在阅读中读者要发挥创造性，在文本的语言歧义处嫁接上自己的理解，并予以充分展开，从而使文本产生新的意义，这被称之为意义的"播撒"。庄子以"齐物"说颠覆传统，"方生方死，方死方生。方可方不可，方不可方可"（《齐物论》）。德里达则以解构消解"中心"和"本质"，通过对二元对立的破除，拆解逻各斯中心主义，从而说明多元存在的可能性和一切存在的不确定性。庄子世界的浑沌一片，与德里达世界的变动不居，在本质上都是对绝对真理的否定。

正如奚密所言，庄子和德里达都对语言本质表现出深度的关切，也都对语言表现出不信任的态度。《庄子》认为，语言是无法表达"道"的，《秋水篇》中说，可以用言语谈论的，是事物粗浅的外在表象，可以靠心意传告的，是事物精细的内在实质，但是，"道"超越了精细和粗浅，是言和意都无法表达的。《知北游》还借用老子的话告诫人们，体悟大道的人不会说什么，离道很远的人才会夸夸其谈；公开显明地谈论，不会真正有所体悟，沉默不语胜于宏辞雄辩。由于语言的局限性，庄子面对不得不言的"道"，他的办法就是用"谬悠之说，荒唐之言，无端崖之辞，时态纵而不镜，不以觭见之也。……以卮言为曼衍，以重言为真，以寓言为广"（《天下》）来表达自己的思想，如在描述无法诉诸语言的"道"时，他用了"缕蚁""弟稗""尿溺"等"荒唐之言"。一部《庄子》，"寓言""重言"与"卮言"，都是为了突破日常语言的局限性，让新的意义在语言符号的非规约性组合中不断生成。这与德里达著名的"延异"（Differánce）观颇为契合。在索绪尔的结构主义语言学中，能指和所指的关系是任意的，符号的意义存在于和其他符号的差异之中，但索绪尔把任意性和差异性局限在了语言系统内。德里达则把任意性和差异性延伸到了语言系统以外，他注意到能指的意义对别的能指的依赖是无限的，于是创造了"延异"这一概念，用以说明语言符号与意义、能指与所指之间的关系，新的意义在滑动中不断生成，但终极性的意义却在永远被拖延、被耽搁，是不在场的在场，言说是沉默的，整个世界就是一本沉默的大写的书。德里达用"延异"打破了语言"能指/所指"的二元对立，表明语言的意义不是确定无疑的，先于语言而存在的在场的意义是不存在的。循着对语言中心主义的颠覆，德里达拆解了"逻各斯中心主义"和"在场"，否认本体、本质的存在。事物不存在一个固定的、先在的根本性特征或本质，一切都是变动的、不确定的，在所谓的真理、理性背后，是非真理、非理性的本来面目。恰如《庄子》所感叹的："骀荡而不得，逐万物而不反，是穷响以声，形与影竞走也，悲夫。"（《天下》）

第二节 《庄子》文学的后现代阐释

由于后现代主义理论与《庄子》的亲缘性，在后现代视阈里，《庄子》文学的独特品性及其对当代社会文化发展的启迪价值也得到了更为深刻地挖掘。

一、《庄子》的边缘立场

如前所述，后现代主义文化的本质精神在于其前所未有的激进的否定性原则。后现代主义思想家从各个角度对"现代性"及其引发的文化危机、人类生存危机等后果进行揭露和批判，反理性、反传统、反二元对立、反基础主义，后现代思想家们以边缘化的思想立场，解构结构，瓦解中心优势地位。如德里达所言："中心从来就没有自然的存在，它不是一个固定的所在，而只是一种功能，一种非所在。"① 而两千多年前的庄子，愤慨于"窃钩者诛，窃国者为诸侯，诸侯之门而仁义存焉"（《肢箧》）的黑暗社会，自然也无法接受那种社会的规范、死板的文字。无论是对社会、对主流思想，还是对主流文学，庄子都是一位最大的叛逆者。在颠覆性、否定性、消融性、摧毁性弥漫的后现代语境里，庄子对生命的关切、对其所处时代"权威"与"核心价值"的叛离，彰显出其永恒而深刻的警世意义，《庄子》以其边缘立场的叙事折射出的文学魅力也召唤着人们更多地关注。

《庄子》的边缘立场首先体现在庄子对各种中心主义的高度警惕上。随着人类自我意识的觉醒，人与自然关系就一直是哲学家和思想家们不断探寻的主体。在现代主义文化语境里，人类中心主义占据着重要的地位，现代主义把人类看作万物主宰，天地之间，人具有至高无上的地位，人凌驾于自然之上。然而人类对自然的巧取豪夺，最终造成了自身的生存危机。因此，后现代思想家极力反对人类中心论，主张取消物与我、主与客的对立，强调人与自然的统一和谐。而庄子在两千多年前就参透了人与自然关系的本质，《秋水》篇说："号物之数谓之万，人处一焉。人卒九州，谷食之所生，舟车之所通，人处一焉；此其比万物也，不似毫末之在于马体乎？"《庄子》告诉我们，在无限宇宙大背景下，人只是万物之一，且并不优于万物。这就从根本上消除了人在宇宙万物之中心地位的理论依据。人是万物之一，人与万物都源于"道"，

---

① 德里达. 符号、结构、与人文科学话语中的建筑 [A]. 王逢振，主编. 最新西方文论集 [C]. 桂林：漓江出版社，1991：133-154.

一方面，"道"无处不在，从"道"的角度看一切存在都是"一"，即"道通为一"（《齐物论》）。另一方面，也因为"道恶乎往而不存"（《齐物论》），再微不足道的事物中都贯穿着宇宙大道，所以人可以越过自我或"小我"的界限去感知自然，融合万物，达到"天人合一"。"天地与我并生，万物与我为一"，在人与自然关系问题上，庄子自然而又巧妙地消除了人类中心主义的观念，启示了人对自然的回归之路，这些都成为当代生态哲学、生态文学重要的思想资源，庄子借以提出"物化"概念的"庄周梦蝶"，更是中外文学史上一大奇梦。

除人类自我中心外，个体自我中心也是庄子警醒世人要时刻注意的一个"陷阱"。庄子对物与人的局限性都保持着十分的清醒。在《逍遥游》里，斥鴳、蜩与学鸠的有限性是人们可一眼看穿的，"水击三千里，扶摇直上者九万里"的大鹏、御风而行的列子，"以久特闻"的彭祖，都有着自身的局限性，都是"有待"的。以"无待"视角看，大鹏、列子、彭祖或其他人们惯常视以为的"崇高"人或物和斥鴳、蜩、学鸠也并无区别。《齐物论》问道："民食刍豢，麋鹿食荐，蛆甘带，鸱鸦耆鼠，四者孰知正味？"人、麋、蛆、鸱等对食物选择标准各不相同，谁的标准是最高的标准？《秋水》更是提醒人们："井蛙不可以语于海者，拘于虚也；夏虫不可以语于冰者，笃于时也；曲士不可以语于道者，束于教也。"受环境限制的井蛙、夏虫和曲士，都只能活动于自己狭小的空间。对于人来说，由于受时代的限制，受各自观察事物的立场和角度的限制，人们认知世界，都只能是盲人摸象。如果人迷失于自我，以自我标准为标准，那么，就会导致物性、人性的扭曲。"浑沌之死"的悲剧不可避免，而人们陷于"朝三暮四"与"朝四暮三"的不安与焦虑，也难以自知。

  《庄子》的边缘立场也体现在庄子对各种"正统"价值观念的排拒。庄子主动选择了远离体制和政治权利的中心，绝意于仕途，《列御寇》《秋水》等篇均有庄子拒绝出仕的记载，宁愿"曳尾于涂中"，也不愿做统治者的帮凶，不愿做政治的牺牲品，这既是保全性命之选择，也是庄子高洁品格所使然。权势名利是常人毕生所求的，但于庄子却不过是"腐鼠"，庄子志不在此，"夫鹓雏，发于南海而飞于北海，非梧桐不止，非练实不食，非醴泉不饮"（《秋水》）。除了庄子自身形象外，《庄子》一书还塑造了许多其他的有道之士的形象，他们疏离于世俗立场之外，保持着个性与品格的清白磊落。仅是舜让天下，不仅有子州支伯不受舜位，善卷因此"去而入深山"，石户之农"负妻戴，携子以入于海，终身不反也"，更有北人无择不堪舜位之辱，而"自投清泠之渊"。（《让王》）这些高洁之士对待世俗体制，不惜以生命相抗衡，以维护生命的价值。而另一方面，《庄子》也对那些沉溺于名利物欲之徒给予了彻底的否定。针对世人嗜好名利的本性，《逍遥游》以犀利的语言描述出他们的生存状态："子独不见狸狌乎？卑身而伏，以侯敖者：东西跳梁，不辟高下；中于机辟，死于网罟。"在《外物》《骈拇》《缮性》等多篇里，庄子对世人追名逐利而造成的生命与人性的戕害，表达了深深的忧虑："自三代以下，天下莫不以物易其性矣。小人则以身殉利，士则以身殉名，大夫则以身殉家，圣人则以身殉天下。"（《骈拇》）

  《庄子》对同样处于"正统"地位的道德体系予以彻底地瓦解。庄子对社会政治的深刻体察，使他最早看到了仁义道德的虚伪性和荒谬性。"窃钩者诛，窃国者为诸侯，诸侯之门仁义存焉。"（《胠箧》）仁义道德只不过是统治阶级巧取豪夺、欺压百姓的遮羞布。另一方面，所谓仁义道德，都违背了人的自然本性："比干剖心，子胥抉眼，忠之祸也；直躬证父，尾生溺死，信之患也；鲍子立乾，胜子不自理，廉之害也；孔子不见母，匡子不见父，义之失也。"（《盗跖》）推崇仁义道德的荒谬由此可见一斑。在《庄子》里，铮铮铁骨的比干，宁肯饿死首阳山也不肯食周黍伯夷，以仁孝感天下的曾参、史鳅，都不过是为了"千秋英名"而身陷死地，他们恪守君臣之礼，依循仁义之道，却失于修身养命。不仅如此，《庄子》还对仁义道德的制造者——历代圣人们予以了毫不留情的批判。在《胠箧》篇里，"圣人"即是"盗贼"，"圣人生而大盗起""圣人不死，大盗不止""挟击圣人，纵舍盗贼，而天下始治"；在《在宥》篇里，黄帝是"佞人"，不足以语"至道"；《庚桑楚》篇说："大乱之本，必生于尧、舜之间，其末存乎千世之后。千世之后，必有人与人相食者也！"在《盗跖》篇里，孔子就是"伪巧人""盗丘"，而且，"尧不慈，舜不孝，禹偏枯"。诚如清人林云铭所评述的："庄子似个绝不尽情地人，任他贤圣帝王，矢口便骂。"①似乎如此还不足以纾解愤懑，《庄子》里还塑造了一群边缘人物形象，与传统的圣人形象相抗衡。如《德充符》中的六个畸人——兀者王胎、兀者申徒嘉、兀者叔山无趾、哀骀它、固跂离无脤、瓮㼜大瘿，在庄子笔下，这些外形滑稽的畸人成为超越圣贤的"至德之人"。《庄子》把仁义道德彻底否定，把圣人明君一网打尽，就是想打破中心话语的统治，恢复人生命自由的本真面目。

二、《庄子》的诗意风格

《庄子》既是哲理的，也是诗意的，无论是说理、叙事，还是咏

---

① （清）林云铭．庄子因［M］．郑州：中州古籍出版社，1984：207．

物、写景，都贯穿着诗的情趣和神韵，深烙着诗的印记。王国维指出《庄子》具有"诗歌的原质""即谓之散文诗，无不可也"。①闻一多先生更把《庄子》说成是"绝妙的诗"。②

后现代哲学转向的特征之一就是打破传统哲学僵化的"叙事方式"，重新赋予哲学以诗意，让哲学在诗意中重新呈现出来。海德格尔晚年沉醉于诗的研究，德里达把哲学和诗看作是近邻。梅洛·庞蒂认为："哲学是最高的艺术，哲学和艺术不可分离，哲学的描述与文学的描述不可分离。"③ 西方后现代思想家对被理性主义"格式化了"的"概念"哲学的反省，力求突破"逻辑""理性"等对哲学的禁锢，仿佛是对两千多年前庄子诗化哲学的注脚，如叶舒宪所说庄子哲学是一种"诗性智慧"："诗性智慧不同于一般的哲理、教义、信条，难以用常规的语言形式去传达和教授，只能通过特殊的间接形式去激发和启导。《庄子》之文本便是行使此种激发、诱导功能的载体。"④在后现代视阈里，《庄子》的诗意风格对其哲学表达的意义显得越来越敞亮。

《庄子》的诗意风格既表现在形式上，更表现在其整体运思方式上。从外在"形式"看，《庄子》很多篇章本身就符合诗的特征，其语言具有诗的节奏和天籁般的韵律。"《庄子》中有大段大段的对偶、排

---

① 王国维. 屈子文学之精神［A］. 郭绍虞，主编. 中国历代文论选（第四册）［C］. 上海：上海古籍出版社，1980：382－385.
② 闻一多. 闻一多全集（第2卷）［M］. 北京：生活·读书·新知三联书店，1982：280.
③ 梅洛－庞蒂. 可见的与不可见的［M］. 罗国祥，译. 北京：商务印书馆，2008：45.
④ 叶舒宪. 庄子的文化解析——前古典与后现代的视界融合［M］. 武汉：湖北人民出版社，1997：36.

比句，且多四言句，其句式、用韵，与《诗经》的形式无多差别。"①

> 大知闲闲，小知间间；大言炎炎，小言詹詹。其寐也魂
> 交，其觉也形开，与接为构，日以心斗。
> 可乎可，不可乎不可。道行之而成，物谓之而然。恶乎
> 然，然于然，恶乎不然，不然于不然。物固有所然，物固有所
> 可，无物不然，无物不可。……（《齐物论》）

《齐物论》中的这段文字，虽是议论，却语言整齐，铿锵有韵，给人以诗的感染和享受。《人间世》中楚狂接舆的一段唱词，更是感情激越、音韵优美，已被沈德潜收入《古诗源》：

> 凤兮凤兮，何如德之衰也！来世不可待，往世不可追也。
> 天下有道，圣人成焉；天下无道，圣人生焉。方今之时，仅免
> 刑焉。福轻乎羽，莫之知载；祸重乎地，莫之知避。已乎已
> 乎。临人以德！殆乎殆乎，画地而趋！迷阳迷阳，无伤吾行！
> 吾行郤曲，无伤吾足。

但后现代文化更启迪人们从运思方式的角度去审视和理解《庄子》的诗意。

首先，《庄子》被历代学人视为一部"奇书"，《庄子》之"奇"正是诗性思维的结果，它跨出逻辑思维所决定的"必然"，借助丰富的

---

① 刘生良．庄子文学研究［D］．西安：陕西师范大学，2003：183．

想象言说不可言说的"道"。《庄子》开篇就给人以震惊，《逍遥游》中的鲲与鹏两个意象都超出人们常规认识。关于"鲲"的含义，郭庆藩在《庄子集释》里，引段玉裁的话为"鱼子未生者曰鲲"，可见，鲲本为鱼子或鱼卵，庄子却反常人之所识，将之用为大鱼之名。由鲲而化的大鹏，"水击三千里、抟扶摇而上九万里"，在大鹏展翅中，《庄子》向读者展开哲学与文学的奇境：逍遥自在、变幻莫测、浩渺无疆。继大鹏之后，《庄子》里的奇人奇物层出不穷："出跳梁乎井干之上，入休乎缺甃之崖"的井蛙；其大蔽数千牛，且能托梦于人的栎社树；冰清玉洁、不食人间烟火的神人；水火不能伤的真人；以五百岁为春、五百岁为秋的冥灵；以八千岁为春、八千岁为秋的大椿。庄子以超然的想象，为世人描绘出诗意逍遥的生命世界。

在《庄子》的奇特想象中，还有一类文学形象值得关注，这就是《庄子》里的"畸人"形象，除了前文所提到的《德充符》篇的王骀、申徒嘉、叔山无趾、哀骀它、闉跂支离无脣、甕盎大瘿六个人物外，还有《人间世》篇的支离疏、接舆；《大宗师》篇的子祀、子舆、子犁、子来、子桑户、孟子反、子琴张；《养生主》篇的右师，等等。他们"畸于人而侔于天"，是"天之小人，人之君子；人之君子，天之小人也"（《大宗师》）。一方面，这些"畸人"或是形体上残缺不全，或外貌上丑陋无比；另一方面，他们的精神却合于"道"，达到了和宇宙同步。"畸人"的世界是被正常的理性思维所排斥的，然而庄子却通过丰富的想象，塑造了这些"异域"世界里的人物，并从中体悟"大道"。庄子摈弃世俗的眼光，审丑近乎勇，通过这些"畸人"形象表明道通为一，世间一切，没有大小之分、美丑之别、成毁之异，每个人、每个物都有自己独特的存在的价值，都值得被承认、被尊重。

其次，《庄子》诗意风格还通过其无处不在的隐喻得以展现。明人陈荣选在《南华经句解·人间世》评论道："秦汉以来，立言者袭南华语不少，但如南华借经设喻，不蹈前辙，而愈出愈奇，后觉未有追踪者。"清人宣颖《南华经解·庄解小言》也曾说："庄子之文，长于譬喻。其玄映空明，解脱变化，有水月镜花之妙。且喻后出喻，喻中设喻，不啻峡云层起，海市幻生，从来无人及得。"

在传统修辞学理论中，隐喻是一种修辞格，通常指的是人们借助于一类具体形象化的事物，来感知、体验、理解或谈论另一类较为抽象的事物。如为了更好地表达"狡猾"这一抽象概念，人们可能会说"他是一只狐狸"。亚里士多德认为，隐喻作为表达上的修饰，是对常规语言规则的偏离，他提醒人们要恰当使用隐喻。但20世纪80年代，认知语言学的研究却发现，隐喻不只是一种普通的修辞，隐喻更具有本体论和认识论的功能。美国学者雷可夫（Lakoff）与约翰逊（Johnson）在其著名的《我们赖以生存的隐喻》（The Metaphor We Live By）一书中，①指出"隐喻"是人们认知世界的一种基本方式，它普遍存在于世界上各中文化和语言之中，存在于我们的"体验"中。如当我们说"山头""山脚"时，我们已不自觉地形成"山"与"人"的关联，把对人的认知投射到对山的认知。当汇率被描绘成的"平稳"或"波动"时，我们已将对自然界水的认知投射到了经济领域。通过隐喻思维，人们由具体认知抽象，由已知认识未知，人们对世界的认知无时不刻地受到它的影响。隐喻思维的基本表达模式是"A是B"，但对A的认知不可做固定的常解，不是说A真的就是B，而是说A和B具有某种相似性。因

---

① George Lakoff, Mark Johnson. *Metaphor We Live By* [M]. Chicago：University of Chicago Press，1980.

此，隐喻思维是开放的、多样的、含混的、不确定的，而这些正是诗性的内核。

如果说"只有在隐喻的国度里，人才是诗人"①，一部《庄子》就是一个充满隐喻的文本世界，庄子的诗人气质在他创造的各种隐喻中充溢流动。"三言"的言说方式本身就是一个大的隐喻，在天下沉浊，无法庄语的情境里，庄子以"藉外论之"的方式言说他的生命哲思，庄子是不能按字面意义去理解的。从词汇层面上看，《庄子》的隐喻有显性表达："藐姑射之山，有神人居焉。肌肤若冰雪，绰约若处子"（《逍遥游》），皮肤冰雪洁白，一尘不染，如少女般年轻娇美、轻盈，庄子笔下的"神人"风貌让人产生美好遐想；"至德之世，不尚贤，不使能，上如标枝，民如野鹿"（《天地》），君主国王似树上高枝，默默在上；百姓如地上野鹿，无拘无束，庄子用"标枝""野鹿"比喻他理想中的君主和臣民百姓关系，一幅至德之世的生活图景，鲜活地呈现在人们眼前。词汇层面上的隐性表达则更多，遍读《庄子》，书中的鲲、鹏、蝴蝶、树、风、影、树、龟、神人、残者，等等，无不扩散出隐喻性的多义与联想，隐喻的应用使庄子独特的思维方式和创作旨趣得到充分展示："天地一指也，万物一马也"（《齐物论》）天地被喻为一个手指头，万物就为一匹马，庄子思维之宏阔，跃然纸上；"虎狼，仁也"（《天运》），"凶残"是人们对虎狼的常识性认知与描述，虎狼本性与人类仁德恰成为对立的两极，而庄子的这个表述则引导人们去思考——在虎狼或其他凶残的兽类里，它们对同类，尤其是对自己的子女，是否也会表现仁爱？由此体会到，人间讲仁德，虎狼有仁爱。庄子以此一

---

① 泰伦斯·霍克斯. 隐喻 [M]. 穆楠，译. 太原：北岳文艺出版社，1990：394.

喻，警醒人类囿于自我中心主义的思维是何等的狭隘。语篇隐喻同样是《庄子》重要的表现手法，隐喻构成故事本身，甚至贯穿着整个篇章。"泽雉十步一啄，百步一饮，不蕲畜乎樊中。神虽王，不善也。"（《养生主》）水泽中的野鸡，尽管觅食饮水都是那么艰难，也不愿意被关在笼子里面，因为一旦关入樊笼，虽则精神旺盛，却再也享受不到大泽之中的追逐嬉戏，自由自在。这个故事喻示的是，人的养生之道应该像泽中的野鸡，无拘无束，怡然自得。无所不在的隐喻成就了《庄子》文本意义的丰约与开放。

用艺术的语言通达哲学，是中国传统哲学固有的一大特色，《庄子》更是这一特色的典型代表。当西方后现代思想家们还在努力寻求着向"本源性"诗化哲学回归的时候，《庄子》早已实现了"诗"与"思"的完美融合。

本章小结

随着当代西方后现代文化的发展，学者们注意到了后现代精神与中国文化的关联，而《庄子》则成为中西会通的理想文本。本章考察了《庄子》文学与西方后现代主义文化间的互动关系。后现代思想家诸如海德格尔、德里达、福柯、伽达默尔等均以不同的方式与庄子思想产生关联，在理论构建上表现出与庄子的内在亲缘关系。庄子诗学、文艺美学等与后现代理论隔着迢递的时空形成对话，成为西方后现代文化的一大思想资源。而另一方面，在后现代视阈里，《庄子》文学的独特品性也得到了更为深刻地挖掘。后现代思想家们以边缘化的思想立场，解构结构，瓦解中心优势地位。而庄子则是他那个时代的最大的社会叛逆者、文化叛逆者和文学叛逆者。后现代哲学转向的特征之一就是将诗意重新赋予哲学，让哲学在诗意中重新呈现出来。而庄子哲学就是一种"诗性智慧"，《庄子》所呈现的超然想象、无处不在的隐喻，都是诗性思维的直接结果。

如果说，每一个大时代，都有其"现代性"和"后现代性"，那么，庄子正是他那个时代"后现代"思想、理论和文化的典型代表，他以边缘的立场、诗性的表达，向后人展现了时代大转折过程中出现的社会危机、文化危机，并对当时僵化、异化的"现代性"予以解构和颠覆。《庄子》对当代西方后现代文化精神的滋养，《庄子》文学在后现代语境里新的意义空间的释放，让人们以更广阔的视野理解陈同甫论庄子时所说的那句话："天下不可以无此人，亦不可以无此书。"①

---

① （宋）林希逸. 南华真经口义·发题 [M]. 陈红映，校点. 昆明：云南人民出版社，2002：1.

结　语

　　《庄子》是中华文化发展史上的一部奠基性作品，其对中华民族的影响，不仅有哲学思想上的引领，也同时有艺术心灵上的浸润。以文学的眼光读《庄子》，以文学的眼光审视不同文化里的《庄子》，可以为我们提供一个有效的切入口，探寻在全球化背景下，不同民族心灵深处的汇通点。

　　国内《庄子》文学研究愈向前推进，愈发现《庄子》是一座瑰丽无穷的文学宝藏，它已成为中国文学演进的一个"密母"（meme），影响着后世一代又一代文学的发展风貌。当代国内研究展示了《庄子》多维度的文学品格：《庄子》带着上古中国的神话印记、古代荆楚文化与宋文化的精神特质，通过"寓言""重言"和"卮言"这一独特的"三言"表达方式，以深刻的悲悯之情、犀利的批判笔触，构建了一个壮阔而瑰丽的文学世界；作为一个文学文本，《庄子》集浪漫型文学、现实型文学和象征型文学于一体，三者相互联通；就文体特征言，在《庄子》里，散文、诗歌、小说、寓言、赋、语等多种体裁相互辉映，浑然为一；《庄子》文本结构也是建构其文学世界重要方式，无论是召唤结构、回环结构还是经传结构，它们自身就在述说着庄子之"道"；而《庄子》寓言更是常说常新的话题，庄子的文学创生力在其寓言里得到最为集中的体现。本土研究助推了《庄子》的跨文化译介与传播，为海外相关研究提供了丰厚的学术资源和对比参照。

自从一百多年前《庄子》走进欧洲，这部"经典的世界哲学文学和精神文学"①著作在西方的翻译与阐释便一直延续下来，尤其是 20世纪 60 年代以后，英语世界的《庄子》翻译与庄学研究硕果累累。从译者角度看，翻译主体是传教士、汉学家、文学史家等，其后，越来越多的具有中国背景的学者也加入翻译行列，表明中国学人向世界推介《庄子》自觉意识的增强。由于时代和翻译目的的不同，以及译者自身学术背景的差异，各个译本都展示出了各自不同的特点和形态，但无论翻译是原语作者中心（如理雅各译本），还是目的语读者导向（如汪榕培译本），或是重在传递哲学思脉（如冯友兰译本），或是重在再现文学风貌（如梅维恒译本），都是对《庄子》的一种阐释。由于《庄子》文本无所不在的文学特质，无论是有意还是无意，每一种译本都是译者从某种视角对《庄子》文学的再现，《庄子》文学的意义空间因为翻译而获得新的拓展。

在翻译实践层面上，由于中西方语言文化的差异，古典文学文本翻译的限度也在《庄子》翻译中得以充分显露。构成《庄子》的古汉语行文简洁，一字多义；同时由于古汉语语法的不稳定性，造成许多语句理解上的多解和开放。古人的写作方式给后学之人留下了广阔的解读空间，形成了文本内部的开放性。语内阐释的开放性在《庄子》的语际

① N. J. Girardot , James Miller, Liu Xiaogan . *Daoism and Ecology*：*Ways Within a Cosmic Landscape*［M］. Cambridge：Harvard University Press, 2001：246.

翻译中则表现得更为突出。不同的文化背景、不同的语言体系、译者的个性化理解，诸多因素都会在这开放性的阐释中寻找自己的对接点，在翻译中把多解开放的原文固定下来。因此，同一个寓言故事便具有了不同的叙事视角，一句话中原本模糊的主语必须在译文里有明确指向，文言文虚词所内含的独特幽古意蕴在翻译时往往踪迹难觅，因由汉语拼音文字的独特性而构成的一些修辞手法如叠字等，同样在英语中难以再现。这也启示我们，透过跨语际翻译，我们触碰到了东西方在语言层面、文化层面上的一些难以会通的底层代码，对这些底层代码加以梳理分析，是更好地开展跨文化、跨文明对话的根本要求。《庄子》诸译本在这些方面呈现出的翻译策略和方法既提供了实践参考，也预示着新的探索空间。

文学翻译本身就是一种文学研究，这不仅指译本通过字里行间所呈现的文学偏向，《庄子》不少译者本身就是《庄子》文学研究者。英国汉学家翟理斯译《庄子》，著《中国文学史》，对《庄子》文学走进西方有着开创之功。华兹生、葛瑞汉和梅维恒等均对《庄子》文学做过系统性阐述。除了与翻译同步的研究外，也有学者针对《庄子》文学展开的专门研究。寓言是《庄子》一书的精髓，也是中国寓言的典范，英语世界里很多学者对《庄子》寓言开展研究，除了"庄周梦蝶"这一著名的故事外，"浑沌之死""得鱼忘筌"等故事同样成为西方学者深度剖析的对象，《庄子》寓言的生态学意义更是得到前所未有的关注。海外学者的探究不断地带给人们新的视角、新的发现，表明《庄子》在跨文化交流中具有广阔前景，同时也为国内学者提供了一面反观与自我认识的镜子，观照到不同文化语境里相关研究互动互补的接榫点。

　　《庄子》文学影响力最为直接的表现是西方文学创作中对《庄子》的吸收和利用，如王尔德、奥尼尔、博尔赫斯等作家。如果做进一步的追踪，法国寓言诗人拉封丹，美国超验主义倡导者爱默生、梭罗，德语作家卡夫卡、布莱希特，等等，在他们的创作中，均透出与《庄子》思想的契合，甚至是《庄子》元素的直接借用。《庄子》为我们理解世界文学提供了一把锁钥。

　　在西方后现代文化的突飞猛进中，后现代精神与中国传统文化的关联是一个引人关注的话题。后现代思想家诸如海德格尔、德里达、福柯、伽达默尔等均以不同的方式与庄子思想产生关联，在理论构建上表现出与庄子的内在亲缘关系。庄子诗学、文艺美学、庄子的语言观等与后现代理论隔着迢递的时空形成对话，成为西方后现代文化的一大思想资源。而另一方面，以后现代文学理论分析《庄子》，它的文学价值也更为凸显。现代人对各种"中心"的瓦解、对诗意栖居的向往，早在两千多年前，庄子已经实现。由此观之，《庄子》无论是作为哲学文本，还是作为文学文本，其文化奠基性价值当为人类文明所共享。

　　清人陈澧在论述训诂学时曾说道："盖时有古今，犹地之有东西有南北，相隔远则言语不通矣。地远则有翻译，时远则有训诂；有翻译则能使别国如乡邻，有训诂则能使古今如旦暮，所谓通之也。"①陈澧所说的地远时遥，既是《庄子》海外传播面临的最大挑战，也是最大价值所在。千载如旦暮，万里如乡邻，《庄子》文本的跨语际翻译和《庄子》文学的跨文化传播正是为实现此等功能而存在的。《庄子》因其超越时空、跨越文化的思想魅力与文学魅力而成为当代中西会通的典型文

---

　　①　陈澧. 东塾读书记［M］. 北京：生活·读书·新知三联书店，1998：218.

本。通过对海内外研究成果的兼收并蓄，我们可以更好地借由《庄子》讲好中国故事，促进不同文化间的理解互通。由此推之，为几千年中华文明发展奠定基础的其他文化典籍，都有待我们以更宏阔的目光，去获得更多的发现和发明。

参考文献

一、英文著述

[1] ALLINSON R E. *Chuang-tzu for Spiritual Transformation*：*An A-nalysis of Inner Chapter* [M]. Albany：State University of New York Press，1989.

[2] AMES R T, BIRDWHISTELL J D, ANDERSON E N. *Daoism and Ecology* [M]. Cambridge：Harvard University Press，2001.

[3] BASSNETT S, LEFEVERE A. eds. *Constructing Cultures*：*Essays on Literary Translation* [C]. Clevedon and Philadelphia：Multilingual Matters，2002.

[4] BORGES J L, CASARES B, OCAMPO S. *The Book of Fantasy* [C]. NewYork：Viking Penguin，1988.

[5] CARPENTER F. Eugene O'Neill, the Orient and American Transcendentalism [A]. *Transcendentalism and Its Legacy* [C]. Myron Simon and T. H. Parsons. ed. Ann Abhor：University of Michigan Press，1966：

200 – 205.

[6] CYRIL B. *An Anthology Chinese Literature*: *from Early Times to the Fourteenth Century* [M]. New York: Grove Press, Inc. : 1965.

[7] CLEARY T. *The Taoist Classics*: *The Collected Translation of Thomas Cleary* [M]. Boston: Shambhala, 1999.

[8] CORRA N. Trans. *Zhuangzi*: *Being Boundless* [EB/OL]. http: // www. daoisopen. com/ZhuangziChuangTzu. html. 2006.

[9] ENGEL R, GIBBS J. ed. *Ethics of Environment and Development*: *Global Challenge*, *International Response* [C]. Tucson: University of Arizona Press, 1991.

[10] FUNG Y L. trans. *Chuang-tzu*: *A New Selected Translation with an Exposition of the Philosophy of Kuo Hsiang* [M]. Beijing : Foreign Languages Press, 1989.

[11] GILES H A . *China and the Chinese* [M]. New York: The Columbia University Press, 1912.

[12] GILES H A. *History of Chinese Literature* [M]. New York and London: Appleton And Company, 1889, 1980.

[13] GILES H A. trans. *ChuangTzu*: *Taoist Philosopher and Chinese Mystic* [M]. London: Mandala Books, Unwin Paperbacks, 1980.

[14] GRAHAM, A. C. *Chuang-tzu*: *The Seven Inner Chapters and Other Writings from the Book Chuang-tzu* [M]. London: George Allen & Unwin. 1981

[15] GIRARDOT N J. *Myth and Meaning in Early Taoism* [M]. Berkeley and Los Angeles: University of California Press, 1983.

[16] GIRARDOT N J. Chaotic "Order" (hun-tun) and Benevolent "Disorder" (luan) in the "Chuang Tzu" [J]. *Philosophy East and West*, 1978 (3): 299 –321.

[17] GIRARDOT N J, MILLERJ , LIU Xiaogan . *Daoism and Ecology: Ways Within a Cosmic Landscape* [M]. Cambridge: Harvard University Press, 2001: 246.

[18] GOODMAN R B. Skepticism and Realism in Chuang Tzu [J]. *Philosophy East and West*, 1985 (3): 231 –237.

[19] HALL D . Modern China and the Post-modern West [A]. C. E. Lawrence. ed. 1995. *From Modernism to Postmodernism: AnAnthology* [C]. Cambridge: Wiley-Blackwell, 1995 : 698 – 701.

[20] HERMAN J R. *I and Tao: Martin Buber's Encounter With Chuang Tzu* [M]. Albany: State University of New York Press, 1996.

[21] HINTON D. trans. *Chuang Tzu: The Inner Chapters* [M]. Washington. D. C: Counterpoint Press, 1998.

[22] HOFFERT B H. *Chuang Tzu: The Evolution of a Taoist Classic (China)* . Ann Arbor, Mich. : UMI, 2002.

[23] HOLMES J. The Name and Nature of Translation Studies [A]. *The Translation Studies Reader* [C]. Lawrence Venuti. ed. London/New York: Routledge, 2004: 180 –192 .

[24] IVANHOE P J, NORDEN V , BRYAN W. *Readings in Classical Chinese Philosophy*. Cambridge: Hackett Publishing Company, 2001.

[25] LAI M. *A History of Chinese Literature* [M]. Bloominton: Indiana University Press, 1966.

[26] LAKOFF G , JOHNSON M. *Metaphor We Live By* [M]. Chicago：University of Chicago Press. 1980.

[27] LEGGE J. *The Sacred Books of China：The Texts of Taoism* [M]. London：Oxford University Press, 1891.

[28] LIN Y T. Chuangtse, Mystic and Humorist [O/L]. Terebess Asia Online (TAO) .2016 – 8 – 11.

[29] MAIR V H. *Experimental Essays on Chuang-tzu* [C]. Honolulu：University of Hawaii Press, 1983.

[30] MAIR V H. trans. *Wandering on the Way：Early Taoist Tales and Parables of ChuangTzu* [M]. Hawaii : Honolulu University of Press, 1994.

[31] MAIR V H. *The Columbia History of Chinese Literature* [M]. New York：Columbia University Press, 2001.

[32] MARSHALL P. *Nature's Web：Rethinking Our Place on Earth* [M]. NY：Paragon House, 1992.

[33] MOELLER H G . Zhuangzi's Fishnet Allegory：A Text-Critical Analysis [J]. *Journal of Chinese Philosophy* , 2000 (4)：489 – 502.

[34] MERTON T. Trans. *The Way of Chuang Tzu* [M]. Boston & London：Shambhala, 1992.

[35] Miller J, Girardot N J and LIU X G. eds. *Daoism and Ecology：Ways within a Cosmic Landscape* [C]. Cambridge：Harvard Press, 2001.

[36] O'NEILL E. *Marco Millions* [M]. New York：Boni & Liveright, 1927.

[37] OWEN S. *An Anthology of Chinese Literature：Beginning to* 1911 [M]. New York & London：Norton & Company, 1996.

[38] PALMER M, BREUILLY E, CHANG W M and RANMSAR J. trans. *The Book of Chuang Tzu* [M]. Arkana: Penguin Books, 1996.

[39] PAPER J. *The Spirits Are Drunk: Comparative Approaches to Chinese Religion* [M]. Albany: State University of New York Press, 1995.

[40] PARKES G. ed. *Heidegger and Asian Thought* [C]. Honolulu: University of Hawaii Press, 1987.

[41] SYLVAN R, BENNETT D. Taoism and Deep Ecology [J]. *The Ecologist*, 1988 (18): 148 – 155.

[42] SAMPSON P K. Deep Christianity: Land, Liturgy and Other Environmental Virtue Ethics inNorthwestern British Columbia. Berkeley: University of California Press, 1999.

[43] SCHOENEWOLF G. trans. *The Way: According to Lao Tzu, Chuang Tzu, and Seng Tsan* [M]. Fremont: Jain Pub. Co, 2000.

[44] WALEY A. *Three Ways of Thought in Ancient China* [M]. Stanford: Sanford University Press, 1982.

[45] WATSON B. *Early Chinese Literature* [M]. New York: Columbia University Press, 1962.

[46] WATSON B. trans. *Chuang Tz: Basic Writings* [M]. New York & London: Columbia University Press 1964.

[47] WATSON B. trans. *The Complete Works of Chuang Tzu* [M]. New York: Colimbia University Press, 1968.

[48] WARE J. trans. *The Saying of Chuang Chou* [M]. New York : The New American Library, 1963.

[49] WU K M. *Chuang Tzu: World Philosopher at Play* [M]. New

York：Corssroad Publishing Company，1982.

[50] Wu K M. *The Butterfly as Companion*：*Meditation on the First Three Chapters of the Chuang Tzu* [M]. New York：State University of New Your Press，1990.

[51] YEH M. The Deconstructive Way：A Comparative Study of Derrida and Chuang Tzu [J]. *Journal of Chinese Philosophy*，1983（2）：95 –126.

二、汉译著述

[1]〔美〕爱莲心. 向往心灵转化的庄子 [M]. 周炽成，译. 南京：江苏人民出版社，2004.

[2]〔美〕安乐哲. 自我的圆成——中西互镜下的古典儒学与道家 [M]. 彭国翔，编译. 石家庄：河北人民出版社，2006.

[3]〔美〕巴恩斯通. 博尔赫斯八十忆旧 [M]. 西川，译. 北京：作家出版社，2004.

[4]〔美〕博加德、特拉维斯. 奥尼尔集 [C]. 汪义群，等译. 北京：生活·读书·新知三联书店，1995.

[5]〔阿根廷〕博尔赫斯. 博尔赫斯短篇小说集 [C]. 王央乐，译. 上海：上海译文出版社，1983.

[6]〔阿根廷〕博尔赫斯. 博尔赫斯全集（诗歌卷）[C]. 王永年，等译. 杭州：浙江文艺出版社，1999.

[7]〔阿根廷〕博尔赫斯. 博尔赫斯全集（小说卷）[C]. 王永年，等译. 杭州：浙江文艺出版社，1999.

[8]〔阿根廷〕博尔赫斯. 博尔赫斯全集（散文卷上）[C]. 王永年，等译. 杭州：浙江文艺出版社，1999.

[9]〔法〕德里达. 论精神－海德格尔与问题〔M〕. 朱刚, 译. 上海: 上海译文出版社, 2008.

[10]〔德〕伽达默尔. 哲学生涯〔M〕. 陈春文, 译. 北京: 商务印书馆, 2003.

[11]〔英〕李约瑟. 中国科学技术史（第二卷）〔M〕. 何兆武, 等译. 上海: 上海古籍出版社, 1990.

[12]〔法〕梅洛－庞蒂. 可见的与不可见的〔M〕. 罗国祥, 译. 北京: 商务印书馆, 2008.

[13] 泰伦斯·霍克斯. 隐喻〔M〕. 穆楠, 译. 太原: 北岳文艺出版社, 1990.

[14] 特拉维斯·博加德. 奥尼尔集〔C〕. 汪义群, 等译. 北京: 生活·读书·新知三联书店, 1995.

[15]〔美〕王尔德. 王尔德全集〔C〕. 杨东霞, 等译. 北京: 人民文学出版社, 2000.

[16]〔美〕尤金·奥尼尔. 奥尼尔文集: 第2卷, 第5卷〔C〕. 郭纪德、甲鲁海, 译. 北京: 人民文学出版社, 2006.

[17]〔美〕尤金·奥尼尔. 奥尼尔剧作选〔C〕. 欧阳基, 等译. 北京: 人民文学出版社, 2007: 2.

[18]〔美〕詹姆斯·罗宾森. 尤金·奥尼尔和东方思想—— 一分为二的心像〔M〕. 郑柏铭, 译. 沈阳: 辽宁教育出版社, 1997.

三、中文著述

[1] 安蕴贞. 西方庄学研究〔M〕. 北京: 中国社会科学出版社, 2012.

［2］白本松．逍遥之祖：《庄子》与中国文化［M］．开封：河南大学出版社，1995.

［3］白本松．先秦寓言史［M］．郑州：河南大学出版社，2001.

［4］曹道衡、刘跃进．先秦两汉文学史料学［M］．北京：中华书局，2005.

［5］曹础基．庄子浅注（修订本）［M］．北京：中华书局，2000.

［6］陈鼓应．庄子今注今译［M］．北京：中华书局，1983.

［7］陈鼓应．道家文化研究［M］．北京：生活·读书·新知三联书店，2003.

［8］陈德福．《庄子》散文"三言"研究［D］．福州：福建师范大学，2008.

［9］陈蒲清．中国古代寓言史［M］．长沙：湖南教育出版社，1996.

［10］崔大华．庄学研究［M］．北京：人民出版社，1992.

［11］（宋）高似孙．子略（卷2）［M］．上海：上海中华书局据学津讨原本校刊，1936.

［12］郭沫若．郭沫若全集．文学编（第19卷）［C］．北京：人民文学出版社，1992.

［13］（清）郭庆藩．庄子集释［M］．北京：中华书局，1961.

［14］郭绍虞．中国历代文论选（第四册）［C］．上海：上海古籍出版社，1980.

［15］公木．先秦寓言概论［M］．济南：齐鲁书社，1984.

［16］黄鸣奋．英语世界中国古典文学之传播［M］．北京：学林出版社，1997.

[17]（清）胡文英．庄子独见［M］．上海：华东师范大学出版社，2011．

[18] 贾学鸿．《庄子》结构艺术研究［D］．上海：华东师范大学，2007．

[19] 姜莉．《庄子》英译：审美意象的译者接受研究［M］．北京：北京师范大学出版社，2014．

[20] 李明珠．庄子寓言鉴赏［M］．广州：广东教育出版社，2009．

[21] 李伟昉．比较文学［M］．北京：北京师范大学出版社．

[22]（宋）林希逸．南华真经口义［M］．台北：弘道文化事业有限公司，1971．

[23]（清）林云铭．庄子因［M］．清光绪六年白云精舍本．

[24] 刘海平．奥尼尔与老庄哲学［M］．北京：中国戏剧出版社，1988．

[25] 刘生良．《庄子》文学研究［D］．西安：陕西师范大学，2003．

[26] 刘文典．庄子补正［M］．上海：商务印书馆，1947．

[27] 刘若愚．中国的文学理论［M］．赵帆声，译．郑州：中州古籍出版社，1986．

[28] 陆钦．庄子通义［M］．长春：吉林人民出版社，1994．

[29] 鲁迅．汉文学史纲要（《鲁迅全集》第9卷）［M］．北京：人民文学出版社，1973．

[30] 马祖毅、任荣珍．汉籍外译史［M］．武汉：湖北教育出版社，2003．

［31］孙雪霞．文学庄子探微［D］．广州：华南师范大学，2004.

［32］童庆炳．文学理论教程［M］．北京：高等教育出版社，1998.

［33］王泉．英语世界的庄子主体形象构建研究［M］．北京：中国社会科学出版社，2017.

［34］王逢振．最新西方文论集［C］．桂林：漓江出版社，1991.

［35］汪榕培．庄子（汉英对照）［M］．长沙：湖南人民出版社，1999.

［36］王国维．王国维论学集［M］．北京：中国社会科学出版社，1997.

［37］（清）王先谦．庄子集解［M］．北京：中华书局，1954.

［38］闻一多．闻一多全集：第2卷［M］．北京：生活·读书·新知三联书店，1982.

［39］谢祥皓、李思乐．（辑校）《庄子序跋论评辑要》［M］．武汉：湖北教育出版社，2001.

［40］徐来．英译《庄子》研究［M］．上海：复旦大学出版社，2008.

［41］杨国荣．庄子的思想世界［M］．北京：北京大学出版社，2006.

［42］严灵峰．周秦汉魏诸子知见书目（二、六）［M］．北京：中华书局，1993.

［43］叶舒宪．庄子的文化解析——前古典与后现代的视界融合［M］．武汉：湖北人民出版社，1997.

［44］叶维廉．比较诗学［M］．台北：东大图书有限公司，1983.

[45] 詹安泰，等．中国文学史（先秦两汉）[M]．北京：高等教育出版社，1957.

[46] 张弘．中国文学在英国 [M]．广州：花城出版社，1992.

[47] 赵逵夫．先秦文学编年史（上）[M]．北京：商务印书馆，2010.

[48] 周小仪．唯美主义与消费文化 [M]．北京：北京大学出版社，2002.

附录 1

"庄周梦蝶" 10 种英译文

1. 翟理斯译文

Once upon a time, I, Chuang Tsu, dreamt I was a butterfly, fluttering hither and thither, to all intents and purposes a butterfly. I was conscious only of following my fancies as a butterfly, and was unconscious of my individuality as a man. // Suddenly, I awaked, and there I lay, myself again. // Now I do not know whether I was then a man dreaming I was a butterfly, or whether I am now a butterfly, dreaming I am a man. // The transition is called Metempsychosis.

2. 理雅各译文

Formerly, I, Chuang Chou [Kwang Kau], dreamt that I was a butterfly, a butterfly flying about, feeling that it was enjoying itself. I did not know that it was Chou. // Suddenly I awoke, and was myself again, the veritable Chou. // I did not know whether it had formerly been Chou dreaming that he was a butterfly, or it was now a butterfly dreaming that it was Chou. // But between Chou and a butterfly there must be a difference. This is a case of what is called the Transformation of Things.

3. 魏鲁男译文

I, Chuang Chou, once dreamt that I was a butterfly flitting about. I did whatever I wished! I knew nothing about any Chuang Chou. // Then I suddenly awakened a Chuang Chou with all his normal trappings. // Now I don't know whether Chuang Chou dreamt he was a butterfly, or a butterfly is dreaming that he is Chuang Chou. // There must be a difference between Chuang Chou and butterfly, and that is what is meant when we say that things undergo transformation.

4. 华兹生译文

Once Chuang Chou dreamt he was a butterfly, a butterfly flitting and fluttering around, happy with himself and doing as he pleased. He didn't know he was Chuang Chou. // Suddenly he woke up and there he was, solid and unmistakable Chuang Chou. // But he didn't know if he was Chuang Chou who had dreamt he was a butterfly, or a butterfly dreaming he was Chuang Chou. // Between Chuang Chou and a butterfly there must be some distinction! This is called the Transformation of Things.

5. 梅维桓译文

Once upon a time Chuang Chou dreamt that he was a butterfly, a butterfly flitting about happily enjoying himself. He didn't know that he was Chou. // Suddenly he awoke and was palpably Chou. // He did not know whether he was Chou who had dreamed of being a butterfly or a butterfly dreaming that he was Chou. // Now, there must be a difference between Chou and the butterfly. This is called the transformation of things.

6. 葛瑞汉译文

Last night Chuang Chou dreamt he was a butterfly, spirits soaring he was a butterfly (is it that in showing what he was he suited his own fancy?), and did not know about Chou. // When all of a sudden he awoke, he was Chou with all his wits about him. // He does not know whether he is Chou who dreams he is a butterfly of a butterfly who dreams he is Chou. // Between Chou and the butterfly there was necessarily a dividing; just this is what is meant by the transformations of things.

7. 冯家福译文

Once upon a time, I, Chuang Tsu, dreamt I was a butterfly flying happily here and there, enjoying life without knowing who I was. // Suddenly I woke up and I was indeed Chuang Tsu. // Did Chuang Tsu dream he was a butterfly, or did the butterfly dream he was Chuang Tsu? // There must be some distinction between Chuang Tsu and the butterfly. This is a case of transformation.

8. 冯友兰译文

Once upon a time, Chuang Chou dreamt that he was a butterfly, a butterfly flying about, enjoying itself. It did not know that it was Chuang Chou. // Suddenly he awoke, and veritably was Chuang Chou again. // We do not know whether it was Chuang Chou dreaming that he was a butterfly, or whether it was the butterfly dreaming that it was Chuang Chou. // Between Chuang Chou and the butterfly there must be some distinction. This is a case of what is called the transformation of things.

9. 陈荣捷译文

Once I, Chuang Chou, dreamt that I was a butterfly and was happy as a butterfly. I was conscious that I was quite pleased with myself, but I did not know that I was Chou. // Suddenly I awoke, and there I was, visibly Chou. // I do not know whether it was Chou dreaming that he was a butterfly or the butterfly dreaming that it was Chou. // Between Chou and the butterfly there must be some distinction. 〔But one may be the other.〕 This is called the transformation of things.

10. 汪榕培译文

I, by the name of Zhuang Zhou, once dreamed that I was a butterfly, a butterfly fluttering happily here and there. I was so pleased that I forgot that I was Zhuang Zhou. // When I suddenly woke up, I was astonished to find that I was as a matter of fact Zhuang Zhou. // Did Zhuang Zhou dream of the butterfly or did the butterfly dream of Zhuang Zhou? // Between Zhuang Zhou and the butterfly there must be some distinctions. This is called the transformation of things.

附录 2

"朝三暮四" 4 种英译文

1. 理雅各的译文

When we toil our spirits and intelligence, obstinately determined (to establish our own view), and do not know the agreement (which underlies it and the views of others), we have what is called "In the morning three." //

What is meant by that "In the morning three?"

A keeper of monkeys, in giving them out their acorns, (once) said, "In the morning I will give you three (measures) and in the evening four."

This made them all angry, and he said, "Very well. In the morning I will give you four and in the evening three."

His two proposals were substantially the same, but the result of the one was to make the creatures angry, and of the other to make them pleased: an illustration of the point I am insisting on. // Therefore the sagely man brings together a dispute in its affirmations and denials, and rests in the equal fashioning of Heaven. Both sides of the question are admissible.

2. 林语堂的译文

But to wear out one's intellect in an obstinate adherence to the individuality of things, not recognizing the fact that all things are One— that is called "Three in the Morning." // What is "Three in the Morning?" A keeper of monkeys said with regard to their rations of nuts that each monkey was to have three in the morning and four at night. At this the monkeys were very angry. Then the keeper said they might have four in the morning and three at night, with which arrangement they were all well pleased. The actual number of nuts remained the same, but there was a difference owing to (subjective evaluations of) likes and dislikes. It also derives from this (principle of subjectivity). // Wherefore the true Sage brings all the contraries together and rests in the natural Balance of Heaven. This is called (the principle of following) two courses (at once).

3. 华兹生的译文

But to wear out your brain trying to make things into one without realizing that they are all the same-this is called "three in the morning." // What do I mean by "three in the morning"? When the monkey trainer was handing out acorns, he said, "You get three in the morning and four at night." This made all the monkeys furious. "Well, then," he said, "you get four in the morning and three at night." The monkeys were all delighted. There was no change in the reality behind the words, and yet the monkeys responded with joy and anger. Let them, if they want to. // So the sage harmonizes with both right and wrong and rests in Heaven the Equalizer. This is called walking two roads.

4. 汪榕培的译文

Taking a lot of trouble to unify things without knowing that things are in fact in uniformity is illustrated by the tale "three in the morning" . // What is meant by "three in the morning"? Once upon a time, there was a monkey-keeper who fed the monkeys with acorns. When he said that he would give them three bushels of acorns in the morning and four bushels of acorns in the evening, all the monkeys were angry with his arrangement. However, when he said that he would give them four bushels of acorns in the morning and three bushels of acorns in the evening, all the monkeys were pleased with his arrangement. With the same number of acorns, there was an abrupt change of pleasure and anger because the keeper followed the natural bent of the monkeys. // That is why the sage reconciles right and wrong, thus enjoying a peaceful and harmonious life. That is called the principle of "live and let live".

附录3

"浑沌之死" 4 种英译文

1. 理雅各的译文

The Ruler of the Southern Sea was Shu, the Ruler of the Northern Sea was Hu, and the Ruler of the Centre was Chaos. // Shu and Hu were continually meeting in the land of Chaos, who treated them very well. // They consulted together how they might repay his kindness, and said, "Men all have seven orifices for the purpose of seeing, hearing, eating, and breathing, while this (poor) Ruler alone has not one. Let us try and make them for him." //

Accordingly they dug one orifice in him every day; and at the end of seven days Chaos died.

2. 华兹生的译文

The emperor of the South Sea was called Shu [Brief], the emperor of the North Sea was called Hu [Sudden], and the emperor of the central region was called Hun-tun [Chaos]. // Shu and Hu from time to time came together for a meeting in the territory of Hun-tun, and Hun-tun treated them very generously. // Shu and Hu discussed how they could repay his kindness. "All men," they said, "have seven openings so they can see, hear, eat, and breathe. But Hun-tun alone doesn't have any. Let's trying boring him some!" //

Every day they bored another hole, and on the seventh day Hun-tun died.

3. 汪榕培的译文

The ruler of the South Sea was called Helter, the ruler of the North Sea was called Skelter and the ruler of the Central Region was called Chaos. // Helter and Skelter often met each other in the land of Chaos, who treated them very well. // They wanted to repay his kindness, saying, "Every man has seven apertures with which to hear, to see, to eat and to breathe, but Chaos alone has none of them. Let's try and bore some for him. " // They bored one aperture each day, and on the seventh day Chaos died.

4. 莫顿的译文

The South Sea King was Act-on-Your-Hunch.

The North Sea King was Act-in-a-Flash.

The King of the place between them was No-Form. //

Now South Sea King

And North Sea King

Used to go together often

To the land of No-Form:

He treated them well. //

So they consulted together

They thought up a good turn,

A pleasant surprise, for No-Form

In token of appreciation.

"Men," they said, "have seven openings"

For seeing, hearing, eating, breathing,

And so on. But No-Form

Has no openings. Let's make him

A few holes. //

So after that

They put holes in No-Form,

One a day, for seven days.

And when they finished the seventh

Opening,

Their friend lay dead.

附录 4

逍遥游（原文）

1. 北冥有鱼，其名曰鲲。

鲲之大，不知其几千里也；

化而为鸟，其名为鹏。

鹏之背，不知其几千里也；

怒而飞，其翼若垂天之云。

是鸟也，海运则徙于南冥。

南冥者，天池也。

2. 《齐谐》者，志怪者也。

《谐》之言曰："鹏之徙于南冥也，水击三千里，抟扶摇而上者九万里，去以六月息者也。"

野马也，尘埃也，生物之以息相吹也。

天之苍苍，其正色邪？

其远而无所至极邪？

其视下也，亦若是则已矣。

3. 且夫水之积也不厚，则其负大舟也无力。

覆杯水于坳堂之上，则芥为之舟；

置杯焉则胶，水浅而舟大也。

风之积也不厚，则其负大翼也无力。

故九万里，则风斯在下矣；

而后乃今培风，背负青天而莫之夭阏者，而后乃今将图南。

4. 蜩与学鸠笑之曰："我决起而飞，抢榆枋，时则不至，而控于地而已矣，奚以之九万里而南为？"

适莽苍者，三餐而反，腹犹果然；

适百里者，宿舂粮；

适千里者，三月聚粮。

之二虫又何知？

5. 小知不及大知，小年不及大年。

奚以知其然也？

朝菌不知晦朔，蟪蛄不知春秋，此小年也。

楚之南有冥灵者，以五百岁为春，五百岁为秋；

上古有大椿者，以八千岁为春，八千岁为秋，此大年也。

而彭祖乃今以久特闻，众人匹之，不亦悲乎？

6. 汤之问棘也是已。

汤问棘曰："上下四方极乎？"

棘曰："无极之外复无极也。穷发之北有冥海者，天池也。有鱼焉，其广数千里，未有知其修者，其名曰鲲。有鸟焉，其名为鹏，背若泰山，翼若垂天之云，抟扶摇羊角而上者九万里，绝云气，负青天，然后图南，且适南冥也。"

斥鴳笑之曰："彼且奚适也？

我腾跃而上，不过数仞而下，翱翔蓬蒿之间，此亦飞之至也。

而彼且奚适也？"

此小大之辩也。

7. 故夫知效一官，行比一乡，德合一君，而征一国者，其自视也亦若此矣。

而宋荣子犹然笑之。

且举世而誉之而不加劝，举世而非之而不加沮，定乎内外之分，辩乎荣辱之境，斯已矣。

彼其于世，未数数然也，虽然，犹有未树也。

8. 夫列子御风而行，泠然善也，旬有五日而后反。

彼于致福者，未数数然也。

此虽免乎行，犹有所待者也。

若夫乘天地之正，而御六气之辩，以游无穷者，彼且恶乎待哉！

故曰，至人无己，神人无功，圣人无名。

9. 尧让天下于许由，曰："日月出矣，而爝火不息；其于光也，不亦难乎！时雨降矣，而犹浸灌，其于泽也，不亦劳乎！夫子立，而天下治，而我犹尸之，吾自视缺然。请致天下。"

许由曰："子治天下，天下既已治也。而我犹代子，吾将为名乎？名者，实之宾也；吾将为宾乎？鹪鹩巢于深林，不过一枝；偃鼠饮河，不过满腹。归休乎君，予无所用天下为！庖人虽不治庖，尸祝不越樽俎而代之矣。"

10. 肩吾问于连叔曰："吾闻言于接舆，大而无当，往而不返。吾惊怖其言，犹河汉而无极也，大有径庭，不近人情焉。"

11. 连叔曰："其言谓何也？"

12. 曰："'藐姑射之山，有神人居焉，肌肤若冰雪，绰约若处子，不食五谷，吸风饮露，乘云气，御飞龙，而游乎四海之外。其神凝，使物不疵疠而年谷熟。'吾以是狂而不信也。"

13. 连叔曰："然。瞽者无以与乎文章之观，聋者无以与乎钟鼓之声。岂唯形骸有聋盲哉？夫知亦有之。是其言也，犹时女也。之人也，之德也，将磅礴万物以为一，世蕲乎乱，孰弊弊焉以天下为事！之人也，物莫之伤，大浸稽天而不溺，大旱金石流、土山焦而不热。是其尘垢秕糠，将犹陶铸尧、舜者也，孰肯分分然以物为事？"

14. 宋人资章甫而适诸越，越人断发文身，无所用之。

尧治天下之民，平海内之政，往见四子藐姑射之山，汾水之阳，窅然丧其天下焉。

15. 惠子谓庄子曰："魏王贻我大瓠之种，我树之成而实五石，以盛水浆，其坚不能自举也；剖之以为瓢，则瓠落无所容。非不呺然大也，吾为其无用而掊之。"

16. 庄子曰："夫子固拙于用大矣。宋人有善为不龟手之药者，世世以洴澼絖为事。客闻之，请买其方百金。聚族而谋曰：'我世世为洴澼絖，不过数金；今一朝而鬻技百金，请与之。'客得之，以说吴王。越有难，吴王使之将，冬，与越人水战，大败越人，裂地而封之。能不龟手，一也；或以封，或不免于洴澼絖，则所用之异也。今子有五石之瓠，何不虑以为大樽而浮于江湖，而忧其瓠落无所容？则夫子犹有蓬之心也夫！"

17. 惠子谓庄子曰："吾有大树，人谓之樗。其大本拥肿而不中绳墨，其小枝卷曲而不中规矩，立之途，匠者不顾。今子之言，大而无用，众所同去也。"

18. 庄子曰："子独不见狸狌乎？卑身而伏，以候敖者；东西跳梁，不辟高下；中于机辟，死于罔罟。今夫斄牛，其大若垂天之云。此能为大矣，而不能执鼠。今子有大树，患其无用，何不树之于无何有之乡，广莫之野，彷徨乎无为其侧，逍遥乎寝卧其下。不夭斤斧，物无害者，无所可用，安所困苦哉！"

附录 5

《逍遥游》文言虚词"之"字翻译的汉英平行对比

1. 理雅各译本

1   li. ZH. txt. txt li. EN. txt. txt   3   北冥有鱼，其名曰鲲。鲲【之】大，不知其几千里也；化而为鸟，其名为鹏。鹏【之】背，不知其几千里也；怒而飞，其翼若垂天【之】云。In The Northern Ocean there is a fish, the name of which is Kun , -I do not know how many li [1 li = ca. 500 m] in size. It changes into a bird with the name of Peng, the back of which is（also）- I do not know how many li in extent. When this bird rouses itself and flies, its wings are like clouds all round the sky.

2   li. ZH. txt. txt li. EN. txt. txt   6   《齐谐》者，志怪者也。《谐》【之】言曰："鹏【之】徙于南冥也，水击三千里，抟扶摇而上者九万里，去以六月息者也。" There is the（book called）The Universal Harmony-a record of marvels. We have in it these words："When the Peng journeys to the Southern Ocean it flaps（its wings）on the water for 3000 li. Then it ascends on a whirlwind 90, 000 li, and it rests only at the end of six months. "

3   li. ZH. txt. txt li. EN. txt. txt   7   野马也，尘埃也，生物【之】以息相吹也。（But similar to this is the movement of the breezes which we

call) the horses of the fields, of the dust (which quivers in the sunbeams), and of living things as they are blown against one another by the air.

4 li. ZH. txt. txt li. EN. txt. txt 8 天【之】苍苍，其正色邪？其远而无所至极邪？其视下也，亦若是则已矣。Is its azure the proper colour of the sky? Or is it occasioned by its distance and illimitable extent? If one were looking down (from above), the very same appearance would just meet his view.

5 li. ZH. txt. txt li. EN. txt. txt 10 且夫水【之】积也不厚，则其负大舟也无力。If Water is not heaped up deep enough, it will not have the strength to support a big boat.

6 li. ZH. txt. txt li. EN. txt. txt 11 覆杯水于坳堂【之】上，则芥为【之】舟；Upset a cup of water in a cavity, and a straw will float on it as if it were a boat.

7 li. ZH. txt. txt li. EN. txt. txt 13 风【之】积也不厚，则其负大翼也无力。(So it is with) the accumulation of wind; if it be not great, it will not have strength to support great wings.

8 li. ZH. txt. txt li. EN. txt. txt 15 而后乃今培风，背负青天而莫【之】夭阏者，而后乃今将图南。thenceforth the accumulation of wind was sufficient. As it seemed to bear the blue sky on its back, and there was nothing to obstruct or arrest its course, it could pursue its way to the South.

9 li. ZH. txt. txt li. EN. txt. txt 17 蜩与学鸠笑【之】曰："我决起而飞，抢榆枋，时则不至，而控于地而已矣，奚以【之】九万里而南为？" A cicada and a little dove laughed at it, saying, "We make an effort and fly towards an elm or sapan-wood tree; and sometimes before we reach it,

we can do no more but drop to the ground. Of what use is it for this (creature) to rise 90, 000 li, and make for the South?"

10 li. ZH. txt. txt li. EN. txt. txt 21 【之】二虫又何知？ What should these two small creatures know about the matter?

11 li. ZH. txt. txt li. EN. txt. txt 26 楚【之】南有冥灵者，以五百岁为春，五百岁为秋；In the south of Ku , there is the (tree) called Ming-ling, whose spring is 500 years, and its autumn the same;

12 li. ZH. txt. txt li. EN. txt. txt 28 而彭祖乃今以久特闻，众人匹【之】，不亦悲乎？ And Master Peng is the one man renowned to the present day for his length of life: if all men were (to wish) to match him, would they not be miserable?

13 li. ZH. txt. txt li. EN. txt. txt 30 汤【之】问棘也是已。汤问棘曰："上下四方极乎？" In The questions put by Tang to Ki we have similar statements:

14 li. ZH. txt. txt li. EN. txt. txt 31 棘曰："无极【之】外复无极也。穷发【之】北有冥海者，天池也。 "In the bare and barren north there is the dark and vat ocean, - the Pool of Heaven.

15 li. ZH. txt. txt li. EN. txt. txt 33 有鸟焉，其名为鹏，背若泰山，翼若垂天【之】云，抟扶摇羊角而上者九万里，绝云气，负青天，然后图南，且适南冥也。" There is (also) a bird named the Peng; its back is like the Tai mountain, while its wings are like clouds all round the sky. On a whirlwind it mounts upwards as on the whorls of a goat's horn for 90, 000 li, till, far removed from the cloudy vapours, it bears on its back the blue sky, and then it shapes its course for the South, and proceeds to the ocean

there. "

16　li. ZH. txt. txt li. EN. txt. txt　34　斥鴳笑【之】曰："彼且奚适也？我腾跃而上，不过数仞而下，翱翔蓬蒿【之】间，此亦飞【之】至也。而彼且奚适也？" A quail by the side of a marsh laughed at it, and said, "Where is it going to? I spring up with a bound, and come down again when I have reached but a few fathoms, and then fly about among the brushwood and bushes; and this is the perfection of flying. Where is that creature going to?"

17　li. ZH. txt. txt li. EN. txt. txt　35　此小大【之】辩也。This shows the difference between the small and the great.

18　li. ZH. txt. txt li. EN. txt. txt　37　故夫知效一官，行比一乡，德合一君而征一国者，其自视也亦若此矣。而宋荣子犹然笑【之】。Thus it is that men, whose wisdom is sufficient for the duties of some one office, or whose conduct will secure harmony in some one district, or whose virtue is befitting a ruler so that they could efficiently govern some one state, are sure to look on themselves in this manner（like the quail）, and yet Master Jung of Sung would have smiled and laughed at them.

19　li. ZH. txt. txt li. EN. txt. txt　38　且举世而誉【之】而不加劝，举世而非【之】而不加沮，定乎内外【之】分，辩乎荣辱【之】境，斯已矣。（This Master Jung）, though the whole world should have praised him, would not for that have stimulated himself to greater endeavour, and though the whole world should have condemned him, would not have exercised any more repression of his course; so fixed was he in the difference between the internal（judgement of himself）and the external（judgement of others）, so distinctly had he marked out the bounding limit of glory and disgrace. Here, however, he stopped.

20　li. ZH. txt. txt li. EN. txt. txt　44　若夫乘天地【之】正，而御六气【之】辩，以游无穷者，彼且恶乎待哉！But suppose one who mounts on (the ether of) heaven and earth in its normal operation, and drives along the six elemental energies of the changing (seasons), thus enjoying himself in the illimitable, - what has he to wait for'?

21　li. ZH. txt. txt li. EN. txt. txt　49　夫子立，而天下治，而我犹尸【之】，吾自视缺然。请致天下。Do you, Master, stand forth (as sovereign), and the kingdom will (at once) be well governed. If I still (continue to) preside over it, I must look on myself as vainly occupying the place; - I beg to resign the throne to you. '

22　li. ZH. txt. txt li. EN. txt. txt　52　名者，实【之】宾也；吾将为宾乎？But the name is but the guest of the reality; - shall I be playing the part of the guest?

23　li. ZH. txt. txt li. EN. txt. txt　55　庖人虽不治庖，尸祝不越樽俎而代【之】矣。Though the cook were not attending to his kitchen, the representative of the dead and the officer of prayer would not leave their cups and stands to take his place. '

24　li. ZH. txt. txt li. EN. txt. txt　62　曰："藐姑射【之】山，有神人居焉，肌肤若冰雪，绰约若处子，不食五谷，吸风饮露，乘云气，御飞龙，而游乎四海【之】外。and the other replied, ' (He said) that 'Far away on the hill of Ku She there dwelt a Spirit-like man whose flesh and skin were (smooth) as ice and (white) as snow; that his manner was elegant and delicate as that of a virgin; that he did not eat any of the five grains, but inhaled the wind and drank the dew; that he mounted on the clouds, drove along the flying dragons, rambling and enjoying himself beyond the four seas;

25　li. ZH. txt. txt li. EN. txt. txt　67　瞽者无以与乎文章【之】观, 聋者无以与乎钟鼓【之】声。" The blind have no perception of the beauty of elegant figures, nor the deaf of the sound of bells and drums.

26　li. ZH. txt. txt li. EN. txt. txt　68　岂唯形骸有聋盲哉? 夫知亦有【之】。是其言也, 犹时女也。 But is it only the bodily senses of which deafness and blindness can be predicated? There is also a similar defect in the intelligence; and of this your words supply an illustration in yourself.

27　li. ZH. txt. txt li. EN. txt. txt　69　【之】人也, 【之】德也, 将磅礴万物以为一, 世蕲乎乱, 孰弊弊焉以天下为事! That man, with those attributes, though all things were one mass of confusion, and he heard in that condition the whole world crying out to him to be rectified, would not have to address himself laboriously to the task, as if it were his business to rectify the world.

28　li. ZH. txt. txt li. EN. txt. txt　70　【之】人也, 物莫【之】伤, 大浸稽天而不溺, 大旱金石流、土山焦而不热。 Nothing could hurt that man; the greatest floods, reaching to the sky, could not drown him, nor would he feel the fervour of the greatest heats melting metals and stones till they flowed, and scorching all the ground and hills.

29　li. ZH. txt. txt li. EN. txt. txt　73　宋人资章甫而适诸越, 越人断发文身, 无所用【之】。 A man of Sung, who dealt in the ceremonial caps (of Yin), went with them to Yueh, the people of which cut off their hair and tattooed their bodies, so that they had no use for them.

30 li. ZH. txt. txt li. EN. txt. txt 74 尧治天下【之】民，平海内【之】政，往见四子藐姑射【之】山，汾水【之】阳，窅然丧其天下焉。Yao ruled the people of the kingdom, and maintained a perfect government within the four seas. Having gone to see the four (Perfect) Ones on the distant hill of Ku She, when (he returned to his capital) on the south of the Fen water, his throne appeared no more to his deep-sunk oblivious eyes.

31 li. ZH. txt. txt li. EN. txt. txt 77 "魏王贻我大瓠【之】种，我树【之】成而实五石，以盛水浆，其坚不能自举也；剖【之】以为瓢，则瓠落无所容。"The king of Wei sent me some seeds of a large calabash, which I sowed. The fruit, when fully grown, could contain five piculs (of anything). I used it to contain water, but it was so heavy that I could not lift it by myself. I cut it in two to make the parts into drinking vessels; but the dried shells were too wide and unstable and would not hold (the liquor);

32 li. ZH. txt. txt li. EN. txt. txt 78 非不呺然大也，吾为其无用而掊【之】。" nothing but large useless things! Because of their uselessness I knocked them to pieces.'

33 li. ZH. txt. txt li. EN. txt. txt 81 宋人有善为不龟手【之】药者，世世以洴澼絖为事。There was a man of Sung who was skilful at making a salve which kept the hands from getting chapped; and (his family) for generations had made the bleaching of cocoon-silk their business.

34 li. ZH. txt. txt li. EN. txt. txt 82 客闻【之】，请买其方百金。A stranger heard of it, and proposed to buy the art of the preparation for a hundred ounces of silver.

35　li. ZH. txt. txt li. EN. txt. txt　83　聚族而谋曰："我世世为洴澼絖，不过数金；今一朝而鬻技百金，请与【之】。"The kindred all came together, and considered the proposal. ' We have,' said they, ' been bleaching cocoon-silk for generations, and have only gained a little money. Now in one morning we can sell to this man our art for a hundred ounces; – let him have it. '

36　li. ZH. txt. txt li. EN. txt. txt　84　客得【之】，以说吴王。越有难，吴王使【之】将，冬，与越人水战，大败越人，裂地而封【之】。The stranger accordingly got it and went away with it to give counsel to the king of Wu, who was then engaged in hostilities with Yueh. The king gave him the command of his fleet, and in the winter he had an engagement with that of Yueh, on which he inflicted a great defeat, and was invested with a portion of territory taken from Yueh.

37　li. ZH. txt. txt li. EN. txt. txt　85　能不龟手，一也；或以封，或不免于洴澼絖，则所用【之】异也。The keeping the hands from getting chapped was the same in both cases; but in the one case it led to the investiture (of the possessor of the salve), and in the other it had only enabled its owners to continue their bleaching. The difference of result was owing to the different use made of the art.

38　li. ZH. txt. txt li. EN. txt. txt　86　今子有五石【之】瓠，何不虑以为大樽而浮于江湖，而忧其瓠落无所容？Now you, Sir, had calabashes large enough to hold five piculs; – why did you not think of making large bottle-gourds of them, by means of which you could have floated over rivers and lakes, nstead of giving yourself the sorrow of finding that they were useless for holding anything.

39　li. ZH. txt. txt li. EN. txt. txt　87　则夫子犹有蓬【之】心也夫！" Your mind, my master, would seem to have been closed against all intelligence！"

40　li. ZH. txt. txt li. EN. txt. txt　89　惠子谓庄子曰："吾有大树，人谓【之】樗。Master Hui said to Master Chuang, "I have a large tree, which men call the Ailantus.

41　li. ZH. txt. txt li. EN. txt. txt　90　其大本拥肿而不中绳墨，其小枝卷曲而不中规矩，立【之】途，匠者不顾。Its trunk swells out to a large size, but is not fit for a carpenter to apply his line to it; its smaller branches are knotted and crooked, so that the disk and square cannot be used on them. Though planted on the wayside, a builder would not turn his head to look at it.

42　li. ZH. txt. txt li. EN. txt. txt　91　今子【之】言，大而无用，众所同去也。" Now your words, Sir, are great, but of no use; – all unite in putting them away from them. "

43　li. ZH. txt. txt li. EN. txt. txt　94　今夫斄牛，其大若垂天【之】云。此能为大矣，而不能执鼠。Again there is the Yak, so large that it is like a cloud hanging in the sky. It is large indeed, but it cannot catch mice.

44　li. ZH. txt. txt li. EN. txt. txt　95　今子有大树，患其无用，何不树【之】于无何有【之】乡，广莫【之】野，彷徨乎无为其侧，逍遥乎寝卧其下。You, Sir, have a large tree and are troubled because it is of no use; – why do you not plant it in a tract where there is nothing else, or in a wide and barren wild? There you might saunter idly by its side, or in the enjoyment of untroubled ease sleep beneath it.

2. 林语堂译本

1 lin. ZH. txt. txt lin. EN. txt. txt 3 北冥有鱼，其名曰鲲。鲲【之】大，不知其几千里也；化而为鸟，其名为鹏。鹏【之】背，不知其几千里也；怒而飞，其翼若垂天【之】云。In the northern ocean there is a fish, called the k'un, I do not know how many thousand li in size. This k'un changes into a bird, called the p'eng. Its back is I do not know how many thousand li in breadth. When it is moved, it flies, its wings obscuring the sky like clouds.

2 lin. ZH. txt. txt lin. EN. txt. txt 6 《齐谐》者，志怪者也。《谐》【之】言曰："鹏【之】徙于南冥也，水击三千里，抟扶摇而上者九万里，去以六月息者也。" And in the Records of Marvels we read that when the p'eng flies southwards, the water is smitten for a space of three thousand li around, while the bird itself mounts upon a great wind to a height of ninety thousand li, for a flight of six months' duration.

3 lin. ZH. txt. txt lin. EN. txt. txt 7 野马也，尘埃也，生物【之】以息相吹也。There mounting aloft, the bird saw the moving white mists of spring, the dust-clouds, and the living things blowing their breaths among them.

4 lin. ZH. txt. txt lin. EN. txt. txt 8 天【之】苍苍，其正色邪？其远而无所至极邪？其视下也，亦若是则已矣。It wondered whether the blue of the sky was its real color, or only the result of distance without end, and saw that the things on earth appeared the same to it.

5　lin. ZH. txt. txt lin. EN. txt. txt　10　且夫水【之】积也不厚，则其负大舟也无力。If there is not sufficient depth, water will not float large ships.

6　lin. ZH. txt. txt lin. EN. txt. txt　11　覆杯水于坳堂【之】上，则芥为【之】舟；Upset a cupful into a hole in the yard, and a mustard-seed will be your boat.

7　lin. ZH. txt. txt lin. EN. txt. txt　13　风【之】积也不厚，则其负大翼也无力。So with air. If there is not sufficient a depth, it cannot support large wings.

8　lin. ZH. txt. txt lin. EN. txt. txt　15　而后乃今培风，背负青天而莫【之】夭阏者，而后乃今将图南。Then, gliding upon the wind, with nothing save the clear sky above, and no obstacles in the way, it starts upon its journey to the south.

9　lin. ZH. txt. txt lin. EN. txt. txt　17　蜩与学鸠笑【之】曰："我决起而飞，抢榆枋，时则不至，而控于地而已矣，奚以【之】九万里而南为？" A cicada and a young dove laughed, saying, "Now, when I fly with all my might, 'tis as much as I can do to get from tree to tree. And sometimes I do not reach, but fall to the ground midway. What then can be the use of going up ninety thousand li to start for the south?"

10　lin. ZH. txt. txt lin. EN. txt. txt　21　【之】二虫又何知？ Those two little creatures, what should they know?

11　lin. ZH. txt. txt lin. EN. txt. txt　26　楚【之】南有冥灵者，以五百岁为春，五百岁为秋；But in the south of Ch'u there is a mingling (tree) whose spring and autumn are each of five hundred years' duration.

12 lin. ZH. txt. txt lin. EN. txt. txt 28 而彭祖乃今以久特闻，众人匹【之】，不亦悲乎？ Yet, P'eng Tsu is known for reaching a great age and is still, alas! an object of envy to all!

13 lin. ZH. txt. txt lin. EN. txt. txt 30 汤【之】问棘也是已。汤问棘曰："上下四方极乎？" It was on this very subject that the Emperor T'ang spoke to Chi, as follows：

14 lin. ZH. txt. txt lin. EN. txt. txt 31 棘曰："无极【之】外复无极也。穷发【之】北有冥海者，天池也。 "At the north of Ch'iungta, there is a Dark Sea, the Celestial Lake.

15 lin. ZH. txt. txt lin. EN. txt. txt 33 有鸟焉，其名为鹏，背若泰山，翼若垂天【之】云，抟扶摇羊角而上者九万里，绝云气，负青天，然后图南，且适南冥也。 There is also a bird, called the p'eng, with a back like Mount T'ai, and wings like clouds across the sky. It soars up upon a whirlwind to a height of ninety thousand li, far above the region of the clouds, with only the clear sky above it. And then it directs its flight towards the Southern Ocean.

16 lin. ZH. txt. txt lin. EN. txt. txt 34 斥鴳笑【之】曰：'彼且奚适也？我腾跃而上，不过数仞而下，翱翔蓬蒿【之】间，此亦飞【之】至也。而彼且奚适也？'" "And a lake sparrow laughed, and said: Pray, what may that creature be going to do? I rise but a few yards in the air and settle down again, after flying around among the reeds. That is as much as any one would want to fly. Now, wherever can this creature be going to?"

17 lin. ZH. txt. txt lin. EN. txt. txt 35 此小大【之】辩也。 Such, indeed, is the difference between small and great.

18　lin. ZH. txt. txt lin. EN. txt. txt　37　故夫知效一官，行比一乡，德合一君而征一国者，其自视也亦若此矣。而宋荣子犹然笑【之】。Take, for instance, a man who creditably fills some small office, or whose influence spreads over a village, or whose character pleases a certain prince. His opinion of himself will be much the same as that lake sparrow's. The philosopher Yung of Sung would laugh at such a one.

19　lin. ZH. txt. txt lin. EN. txt. txt　38　且举世而誉【之】而不加劝，举世而非【之】而不加沮，定乎内外【之】分，辩乎荣辱【之】境，斯已矣。If the whole world flattered him, he would not be affected thereby, nor if the whole world blamed him would he be dissuaded from what he was doing. For Yung can distinguish between essence and superficialities, and understand what is true honor and shame.

20　lin. ZH. txt. txt lin. EN. txt. txt　44　若夫乘天地【之】正，而御六气【之】辩，以游无穷者，彼且恶乎待哉！As for one who is charioted upon the eternal fitness of Heaven and Earth, driving before him the changing elements as his team to roam through the realms of the Infinite, upon what, then, would such a one have need to depend?

21　lin. ZH. txt. txt lin. EN. txt. txt　49　夫子立，而天下治，而我犹尸【之】，吾自视缺然。请致天下。" Now if you would assume the reins of government, the empire would be well governed, and yet I am filling this office. I am conscious of my own deficiencies, and I beg to offer you the Empire. "

22　lin. ZH. txt. txt lin. EN. txt. txt　52　名者，实【之】宾也；吾将为宾乎？A name is but the shadow of reality, and should I trouble myself about the shadow?

23 lin. ZH. txt. txt lin. EN. txt. txt 55 庖人虽不治庖，尸祝不越樽俎而代【之】矣。" If the cook is unable to prepare the funeral sacrifices, the representative of the worshipped spirit and the officer of prayer may not step over the wines and meats and do it for him. "

24 lin. ZH. txt. txt lin. EN. txt. txt 62 曰："'藐姑射【之】山，有神人居焉，肌肤若冰雪，绰约若处子，不食五谷，吸风饮露，乘云气，御飞龙，而游乎四海【之】外。"He declared," replied Chien Wu, "that on the Miao-ku-yi mountain there lives a divine one, whose skin is white like ice or snow, whose grace and elegance are like those of a virgin, who eats no grain, but lives on air and dew, and who, riding on clouds with flying dragons for his team, roams beyond the limit's of the mortal regions.

25 lin. ZH. txt. txt lin. EN. txt. txt 67 瞽者无以与乎文章【之】观，聋者无以与乎钟鼓【之】声。you don't ask a blind man's opinion of beautiful designs, nor do you invite a deaf man to a concert.

26 lin. ZH. txt. txt lin. EN. txt. txt 68 岂唯形骸有聋盲哉？夫知亦有【之】。是其言也，犹时女也。And blindness and deafness are not physical only. There is blindness and deafness of the mind. His words are like the unspoiled virgin.

27 lin. ZH. txt. txt lin. EN. txt. txt 69 【之】人也，【之】德也，将磅礴万物以为一，世蕲乎乱，孰弊弊焉以天下为事！The good influence of such a man with such a character fills all creation. Yet because a paltry generation cries for reform, you would have him busy himself about the details of an empire！

28 lin. ZH. txt. txt lin. EN. txt. txt 70 【之】人也，物莫【之】伤，大浸稽天而不溺，大旱金石流、土山焦而不热。Objective existences cannot harm. In a flood which reached the sky, he would not be drowned. In a drought, though metals ran liquid and mountains were scorched up, he would not be hot.

29 lin. ZH. txt. txt lin. EN. txt. txt 73 宋人资章甫而适诸越，越人断发文身，无所用【之】。A man of the Sung State carried some ceremonial caps to the Yu：eh tribes for sale. But the men of Yu：eh used to cut off their hair and paint their bodies, so that they had no use for such things.

30 lin. ZH. txt. txt lin. EN. txt. txt 74 尧治天下【之】民，平海内【之】政，往见四子藐姑射【之】山，汾水【之】阳，窅然丧其天下焉。The Emperor Yao ruled all under heaven and governed the affairs of the entire country. After he paid a visit to the four sages of the Miao-ku-yi Mountain, he felt on his return to his capital at Fenyang that the empire existed for him no more.

31 lin. ZH. txt. txt lin. EN. txt. txt 77 "魏王贻我大瓠【之】种，我树【之】成而实五石，以盛水浆，其坚不能自举也；剖【之】以为瓢，则瓠落无所容。" "The Prince of Wei gave me a seed of a large-sized kind of gourd. I planted it, and it bore a fruit as big as a five bushel measure. Now had I used this for holding liquids, it would have been too heavy to lift; and had I cut it in half for ladles, the ladles would have been too flat for such purpose. "

32 lin. ZH. txt. txt lin. EN. txt. txt 78 非不呺然大也，吾为其无用而掊【之】。" Certainly it was a huge thing, but I had no use for it and so

broke it up. "

33　lin. ZH. txt. txt lin. EN. txt. txt　81　宋人有善为不龟手【之】药者，世世以洴澼絖为事。" There was a man of Sung who had a recipe for salve for chapped hands, his family having been silk-washers for generations.

34　lin. ZH. txt. txt lin. EN. txt. txt　82　客闻【之】，请买其方百金。A stranger who had heard of it came and offered him a hundred ounces of silver for this recipe；

35　lin. ZH. txt. txt lin. EN. txt. txt　83　聚族而谋曰："我世世为洴澼絖，不过数金；今一朝而鬻技百金，请与【之】。" whereupon he called together his clansmen and said, "We have never made much money by silk-washing. Now, we can sell the recipe for a hundred ounces in a single day. Let the stranger have it. "

36　lin. ZH. txt. txt lin. EN. txt. txt　84　客得【之】，以说吴王。越有难，吴王使【之】将，冬，与越人水战，大败越人，裂地而封【之】。The stranger got the recipe, and went and had an interview with the Prince of Wu. The Yu：eh State was in trouble, and the Prince of Wu sent a general to fight a naval battle with Yu：eh at the beginning of winter. The latter was totally defeated, and the stranger was rewarded with a piece of the King's territory.

37　lin. ZH. txt. txt lin. EN. txt. txt　85　能不龟手，一也；或以封，或不免于洴澼絖，则所用【之】异也。Thus, while the efficacy of the salve to cure chapped hands was in both cases the same, its applications were different. Here, it secured a title；there, the people remained silk-washers.

38　lin. ZH. txt. txt lin. EN. txt. txt　86　今子有五石【之】瓠，何不

虑以为大樽而浮于江湖，而忧其瓠落无所容？Now as to your five-bushel gourd, why did you not make a float of it, and float about over river and lake? And you complain of its being too flat for holding things!

39 lin. ZH. txt. txt lin. EN. txt. txt 87 则夫子犹有蓬【之】心也夫！"I fear your mind is stuffy inside."

40 lin. ZH. txt. txt lin. EN. txt. txt 89 惠子谓庄子曰："吾有大树，人谓【之】樗。Hueitse said to Chuangtse, "I have a large tree, called the ailanthus.

41 lin. ZH. txt. txt lin. EN. txt. txt 90 其大本拥肿而不中绳墨，其小枝卷曲而不中规矩，立【之】途，匠者不顾。Its trunk is so irregular and knotty that it cannot be measured out for planks; while its branches are so twisted that they cannot be cut out into discs or squares. It stands by the road-side, but no carpenter will look at it.

42 lin. ZH. txt. txt lin. EN. txt. txt 91 今子【之】言，大而无用，众所同去也。"Your words are like that tree——big and useless, of no concern to the world."

43 lin. ZH. txt. txt lin. EN. txt. txt 94 今夫斄牛，其大若垂天【之】云。此能为大矣，而不能执鼠。On the other hand, there is the yak with its great huge body. It is big enough in all conscience, but it cannot catch mice.

44 lin. ZH. txt. txt lin. EN. txt. txt 95 今子有大树，患其无用，何不树【之】于无何有【之】乡，广莫【之】野，彷徨乎无为其侧，逍遥乎寝卧其下。Now if you have a big tree and are at a loss what to do with it, why not plant it in the Village of Nowhere, in the great wilds, where you

might loiter idly by its side, and lie down in blissful repose beneath its shade?

3. 华兹生译本

1 hua. ZH. txt. txt hua. EN. txt. txt 3 北冥有鱼，其名曰鲲。鲲【之】大，不知其几千里也；化而为鸟，其名为鹏。鹏【之】背，不知其几千里也；怒而飞，其翼若垂天【之】云。In The Northern Darkness there is a fish and his name is K'un. The K'un is so huge I don't know how many thousand li he measures. He changes and becomes a bird whose name is P'eng. The back of the P'eng measures I don't know how many thousand li across and, when he rises up and flies off, his wings are like clouds all over the sky.

2 hua. ZH. txt. txt hua. EN. txt. txt 6 《齐谐》者，志怪者也。《谐》【之】言曰："鹏【之】徙于南冥也，水击三千里，抟扶摇而上者九万里，去以六月息者也。" The Universal Harmony records various wonders, and it says: "When the P'eng journeys to the southern darkness, the waters are roiled for three thousand li. He beats the whirlwind and rises ninety thousand li, setting off on the sixth month gale."

3 hua. ZH. txt. txt hua. EN. txt. txt 7 野马也，尘埃也，生物【之】以息相吹也。Wavering heat, bits of dust, living things blowing each other about

4 hua. ZH. txt. txt hua. EN. txt. txt 8 天【之】苍苍，其正色邪？其远而无所至极邪？其视下也，亦若是则已矣。-the sky looks very blue. Is that its real color, or is it because it is so far away and has no end? When the bird looks down, all he sees is blue too.

5　hua. ZH. txt. txt hua. EN. txt. txt　10　且夫水【之】积也不厚，则其负大舟也无力。If water is not piled up deep enough, it won't have the strength to bear up a big boat.

6　hua. ZH. txt. txt hua. EN. txt. txt　11　覆杯水于坳堂【之】上，则芥为【之】舟；Pour a cup of water into a hollow in the floor and bits of trash will sail on it like boats.

7　hua. ZH. txt. txt hua. EN. txt. txt　13　风【之】积也不厚，则其负大翼也无力。If wind is not piled up deep enough, it won't have the strength to bear up great wings.

8　hua. ZH. txt. txt hua. EN. txt. txt　15　而后乃今培风，背负青天而莫【之】夭阏者，而后乃今将图南。Only then can he mount on the back of the wind, shoulder the blue sky, and nothing can hinder or block him. Only then can he set his eyes to the south.

9　hua. ZH. txt. txt hua. EN. txt. txt　17　蜩与学鸠笑【之】曰："我决起而飞，抢榆枋，时则不至，而控于地而已矣，奚以【之】九万里而南为？" The cicada and the little dove laugh at this, saying, "When we make an effort and fly up, we can get as far as the elm or the sapanwood tree, but sometimes we don't make it and just fall down on the ground. Now how is anyone going to go ninety thousand li to the south！"

10　hua. ZH. txt. txt hua. EN. txt. txt　21　【之】二虫又何知？What do these two creatures understand?

11　hua. ZH. txt. txt hua. EN. txt. txt　26　楚【之】南有冥灵者，以五百岁为春，五百岁为秋；South of Ch'u there is a caterpillar which counts five hundred years as one spring and five hundred years as one autumn.

12　hua. ZH. txt. txt hua. EN. txt. txt　28　而彭祖乃今以久特闻，众人匹【之】，不亦悲乎？Yet P'eng-tsu alone is famous today for having lived a long time, and everybody tries to ape him. Isn't it pitiful!

13　hua. ZH. txt. txt hua. EN. txt. txt　30　汤【之】问棘也是已。汤问棘曰："上下四方极乎？" Among the questions of T'ang to Ch'i we find the same thing.

14　hua. ZH. txt. txt hua. EN. txt. txt　31　棘曰："无极【之】外复无极也。穷发【之】北有冥海者，天池也。In the bald and barren north, there is a dark sea, the Lake of Heaven.

15　hua. ZH. txt. txt hua. EN. txt. txt　33　有鸟焉，其名为鹏，背若泰山，翼若垂天【之】云，抟扶摇羊角而上者九万里，绝云气，负青天，然后图南，且适南冥也。" There is also a bird there, named P'eng, with a back like Mount T'ai and wings like clouds filling the sky. He beats the whirlwind, leaps into the air, and rises up ninety thousand li, cutting through the clouds and mist, shouldering the blue sky, and then he turns his eyes south and prepares to journey to the southern darkness.

16　hua. ZH. txt. txt hua. EN. txt. txt　34　斥鴳笑【之】曰：'彼且奚适也？我腾跃而上，不过数仞而下，翱翔蓬蒿【之】间，此亦飞【之】至也。The little quail laughs at him, saying, ' Where does he think he's going? I give a great leap and fly up, but I never get more than ten or twelve yards before I come down fluttering among the weeds and brambles. And that's the best kind of flying anyway!

17　hua. ZH. txt. txt hua. EN. txt. txt　36　此小大【之】辩也。Such is the difference between big and little.

18 hua. ZH. txt. txt hua. EN. txt. txt 38 故夫知效一官，行比一乡，德合一君而征一国者，其自视也亦若此矣。而宋荣子犹然笑【之】。Therefore a man who has wisdom enough to fill one office effectively, good conduct enough to impress one community, virtue enough to please one ruler, or talent enough to be called into service in one state, has the same kind of self-pride as these little creatures. Sung Jung-tzu would certainly burst out laughing at such a man.

19 hua. ZH. txt. txt hua. EN. txt. txt 39 且举世而誉【之】而不加劝，举世而非【之】而不加沮，定乎内外【之】分，辩乎荣辱【之】境，斯已矣。The whole world could praise Sung Jung-tzu and it wouldn't make him exert himself; the whole world could condemn him and it wouldn't make him mope. He drew a clear line between the internal and the external, and recognized the boundaries of true glory and disgrace. But that was all.

20 hua. ZH. txt. txt hua. EN. txt. txt 45 若夫乘天地【之】正，而御六气【之】辩，以游无穷者，彼且恶乎待哉！If he had only mounted on the truth of Heaven and Earth, ridden the changes of the six breaths, and thus wandered through the boundless, then what would he have had to depend on?

21 hua. ZH. txt. txt hua. EN. txt. txt 50 夫子立，而天下治，而我犹尸【之】，吾自视缺然。请致天下。" If you took the throne, the world would be well ordered. I go on occupying it, but all I can see are my failings. I beg to turn over the world to you. "

22 hua. ZH. txt. txt hua. EN. txt. txt 53 名者，实【之】宾也；吾将为宾乎？But name is only the guest of reality - will I be doing it so I can

play the part of a guest?

23   hua. ZH. txt. txt hua. EN. txt. txt   56   庖人虽不治庖，尸祝不越樽俎而代【之】矣。" Though the cook may not run his kitchen properly, the priest and the impersonator of the dead at the sacrifice do not leap over the wine casks and sacrificial stands and go take his place. "

24   hua. ZH. txt. txt hua. EN. txt. txt   63   曰："'藐姑射【之】山，有神人居焉，肌肤若冰雪，绰约若处子，不食五谷，吸风饮露，乘云气，御飞龙，而游乎四海【之】外。" He said that there is a Holy Man living on faraway Ku-she Mountain, with skin like ice or snow, and gentle and shy like a young girl. He doesn't eat the five grains, but sucks the wind, drinks the dew, climbs up on the clouds and mist, rides a flying dragon, and wanders beyond the four seas.

25   hua. ZH. txt. txt hua. EN. txt. txt   68   瞽者无以与乎文章【之】观，聋者无以与乎钟鼓【之】声。" We can't expect a blind man to appreciate beautiful patterns or a deaf man to listen to bells and drums.

26   hua. ZH. txt. txt hua. EN. txt. txt   69   岂唯形骸有聋盲哉？夫知亦有【之】。是其言也，犹时女也。And blindness and deafness are not confined to the body alone - the understanding has them too, as your words just now have shown.

27   hua. ZH. txt. txt hua. EN. txt. txt   70   【之】人也，【之】德也，将磅礴万物以为一，世蕲乎乱，孰弊弊焉以天下为事！This man, with this virtue of his, is about to embrace the ten thousand things and roll them into one. Though the age calls for reform, why should he wear himself out over the affairs of the world?

28　hua. ZH. txt. txt hua. EN. txt. txt　71　【之】人也，物莫【之】伤，大浸稽天而不溺，大旱金石流、土山焦而不热。There is nothing that can harm this man. Though flood waters pile up to the sky, he will not drown. Though a great drought melts metal and stone and scorches the earth and hills, he will not be burned.

29　hua. ZH. txt. txt hua. EN. txt. txt　74　宋人资章甫而适诸越，越人断发文身，无所用【之】。A man of Sung who sold ceremonial hats made a trip to Yueh, but the Yueh people cut their hair short and tattoo their bodies and had no use for such things.

30　hua. ZH. txt. txt hua. EN. txt. txt　75　尧治天下【之】民，平海内【之】政，往见四子藐姑射【之】山，汾水【之】阳，窅然丧其天下焉。Yao brought order to the people of the world and directed the government of all within the seas. But he went to see the Four Masters of the faraway Ku-she ：Mountain，[and when he got home] north of the Fen River, he was dazed and had forgotten his kingdom there.

31　hua. ZH. txt. txt hua. EN. txt. txt　78　"魏王贻我大瓠【之】种，我树【之】成而实五石，以盛水浆，其坚不能自举也；剖【之】以为瓢，则瓠落无所容。" The king of Wei gave me some seeds of a huge gourd. I planted them, and when they grew up, the fruit was big enough to hold five piculs. I tried using it for a water container, but it was so heavy I couldn't lift it. I split it in half to make dippers, but they were so large and unwieldy that I couldn't dip them into any thing.

32　hua. ZH. txt. txt hua. EN. txt. txt　79　非不呺然大也，吾为其无用而掊【之】。" It's not that the gourds weren't fantastically big - but I decided they were no use and so I smashed them to pieces. "

33 hua. ZH. txt. txt hua. EN. txt. txt   82   宋人有善为不龟手【之】药者，世世以洴澼絖为事。In Sung there was a man who was skilled at making a salve to prevent chapped hands, and generation after generation his family made a living by bleaching silk in water.

34 hua. ZH. txt. txt hua. EN. txt. txt   83   客闻【之】，请买其方百金。A traveler heard about the salve and offered to buy the prescription for a hundred measures of gold.

35 hua. ZH. txt. txt hua. EN. txt. txt   84   聚族而谋曰：'我世世为洴澼絖，不过数金；今一朝而鬻技百金，请与【之】。' The man called everyone to a family council. 'For generations we've been bleaching sills and we've never made more than a few measures of gold, ' he said. 'Now, if we sell our secret, we can make a hundred measures in one morning. Let's let him have it! '

36 hua. ZH. txt. txt hua. EN. txt. txt   85   客得【之】，以说吴王。越有难，吴王使【之】将，冬，与越人水战，大败越人，裂地而封【之】。The traveler got the salve and introduced it to the king of Wu, who was having trouble with the state of Yueh. The king put the man in charge of his troops, and that winter they fought a naval battle with the men of Yueh and gave them a bad beating. A portion of the conquered territory was awarded to the man as a fief.

37 hua. ZH. txt. txt hua. EN. txt. txt   86   能不龟手，一也;，或以封，或不免于洴澼絖，则所用【之】异也。The salve had the power to prevent chapped hands in either case; but one man used it to get a fief, while

the other one never got beyond silk bleaching - because they used it in different ways.

38   hua. ZH. txt. txt hua. EN. txt. txt   87   今子有五石【之】瓠，何不虑以为大樽而浮于江湖，而忧其瓠落无所容？Now you had a gourd big enough to hold five piculs. Why didn't you think of making it into a great tub so you could go floating around the rivers and lakes, instead of worrying because it was too big and unwieldy to dip into things!

39   hua. ZH. txt. txt hua. EN. txt. txt   88   则夫子犹有蓬【之】心也夫！" Obviously you still have a lot of underbrush in your head!"

40   hua. ZH. txt. txt hua. EN. txt. txt   90   惠子谓庄子曰："吾有大树，人谓【之】樗。Hui Tzu said to Chuang Tzu, " I have a big tree of the kind men call shu.

41   hua. ZH. txt. txt hua. EN. txt. txt   91   其大本拥肿而不中绳墨，其小枝卷曲而不中规矩，立【之】途，匠者不顾。Its trunk is too gnarled and bumpy to apply a measuring line to, its branches too bent and twisty to match up to a compass or square. You could stand it by the road and no carpenter would look at it twice.

42   hua. ZH. txt. txt hua. EN. txt. txt   92   今子【之】言，大而无用，众所同去也。" Your words, too, are big and useless, and so everyone alike spurns them!"

43   hua. ZH. txt. txt hua. EN. txt. txt   95   今夫斄牛，其大若垂天【之】云。此能为大矣，而不能执鼠。Then again there's the yak, big as a cloud covering the sky. It certainly knows how to be big, though it doesn't know how to catch rats.

252

44 hua. ZH. txt. txt hua. EN. txt. txt 96 今子有大树，患其无用，何不树【之】于无何有【之】乡，广莫【之】野，彷徨乎无为其侧，逍遥乎寝卧其下。Now You have this big tree and you're distressed because it's useless. Why don't you plant it in Not-Even-Anything Village, or the field of Broad-and-Boundless, relax and do nothing by its side, or lie down for a free and easy sleep under it?

后 记

　　本书是同名国家社科研究项目的结题成果。项目研究与书稿写作比预期要曲折很多，除了因为这几年由于事务性工作时间上无法保证外，更主要的是我对《庄子》始终心存敬畏，不愿轻易下笔。理解《庄子》已属不易，理解不同文化里的《庄子》则更难。但我一直感觉很幸运，选择《庄子》作为研究的课题。《庄子》是哲学和文学的高妙结合，随着研究的推进，《庄子》世界的瑰丽深邃在不断向我敞开，这是推动我走下去的最根本动力。庄子超拔的眼光、豁达的胸怀、高远的境界，启迪着我对各种生命状态的反思和对与天地精神往来的遐想。尼采曾说过，"人类是病的很深的动物"，且不论乱世里的天灾人祸让生命载满苦厄；即便是在太平盛世里，又能有几人不为生死大限而惶恐，不受荣辱得失之烦忧？众生皆苦，是宿命，还是人的自我囚禁？《庄子》为人类心灵的安顿提供了一剂良方，若人能领悟到天地万物终究是"齐"一的，能以"道心"照"人心"，澄明的生命之境是可以通达的。所以，宋代诗人李洪说"《南华》一卷是医王"，明代诗人祝允明赞叹"医经士籍都余册，一卷《南华》万物平"。此书稿的完成，既是对课题研究的承兑，后期则更多的是出于对《庄子》生命浸润的悦享。

　　书稿的完成，得益于前辈、先学的相关研究，得益于国内外众多同仁、朋友的关心、支持，更是直接得益于课题组同事的辛勤付出，在此一并致谢。

戴俊霞
二〇一九年九月

254